Traverser

Mobilité spatiale, espace, déplacements

Travaux Interdisciplinaires et Plurilingues

Vol. 30

La collection « Travaux Interdisciplinaires et Plurilingues » a pour but de favoriser la recherche interdisciplinaire et plurilingue en France et dans d'autres pays européens. Elle accueille des ouvrages qui contribuent à la compréhension des concepts « intraduisibles », ainsi que de l'imaginaire national et social en France et en Europe. Elle est ouverte aux travaux de recherche en histoire, linguistique, sciences sociales et littérature, ainsi qu'aux publications scientifiques du CRPM (Centre de recherches pluridisciplinaires multilingues, EA 4418) de Paris Ouest.

Collection placée sous la direction
de Brigitte Krulic et Éric Vial

P.I.E. PETER LANG
Bruxelles · Bern · Berlin · New York · Oxford · Wien

Adrien Frenay, Giulio Iacoli
et Lucia Quaquarelli (dir.)

Traverser

Mobilité spatiale, espace, déplacements

P.I.E. PETER LANG
Bruxelles · Bern · Berlin · New York · Oxford · Wien

Information bibliographique publiée par «Die Deutsche Nationalbibliothek»
«Die Deutsche Nationalbibliothek» répertorie cette publication dans la «Deutsche Nationalbibliografie»; les données bibliographiques détaillées sont disponibles sur Internet sous ‹http://dnb.d-nb.de›.

Cet ouvrage a été réalisé grâce à la contribution du Centre de Recherches Pluridisciplinaires Multilingues (CPRM — EA 4418).

ISBN 978-2-8076-0679-1
ISSN 1663-9367
ePDF 978-2-8076-0680-7
D/2019/5678/13
ePUB 978-2-8076-0681-4
DOI 10.3726/b15618
MOBI 978-2-8076-0682-1

Éditions scientifiques internationales
Bruxelles, 2019
1 avenue Maurice, B-1050 Bruxelles, Belgique
www.peterlang.com ; brussels@peterlang.com

Cette publication a fait l'objet d'une évaluation par les pairs.

Sommaire

Parcours mobiles, pensées frontalières

Adrien Frenay
Université Paris Nanterre

Giulio Iacoli
Università degli Studi di Parma

Lucia Quaquarelli
Université Paris Nanterre

> En nommant les objets, c'est un monde enchanté, un monde de *monstres*, que je fais surgir sur la grisaille mal différenciée du monde ; un monde de *puissances* que je somme, que j'invoque et que je convoque. En les nommant, flore, faune, dans leur étrangeté, je participe à leur force.
>
> Aimé Césaire

Alors qu'un matin il se saisit machinalement d'un verre, nous raconte Ernst H. Gombrich dans *The Image and the Eye*, il aperçoit, au travers, le sol déformé de la cuisine. Le motif en damier l'interpelle. Il y reconnaît tout à coup un tableau de Lawrence Gowing, *Parabolic Perspective* (1963, Tate Modern), qu'il a vu quelque temps auparavant. Il commente ainsi ce souvenir involontaire : « It was a classic case of what might be called inverted recognition – the recognition not of reality in a painting but a painting in reality[1] » (Gombrich 1994 : 32). S'il reconnaît qu'elle est quelque peu « triviale », il considère cependant que l'expérience doit être prise en compte : « For if Whistler or Pissarro had not been enabled to create on their canvases recognizable images of the visible world, we would not in our turn have been able to recognize

[1] « C'était un cas classique de ce qu'on peut appeler reconnaissance inversée – la reconnaissance non pas de la réalité dans un tableau, mais d'un tableau dans la réalité ». (En l'absence d'autres indications, les traductions sont réalisées par les auteurs du présent article).

their images in nature[2] » (*ibid.* : 12) ; et nous ne pourrions en tirer le plaisir et l'impression de saisissement qui s'empare de nous lorsque nous reconnaissons telle œuvre d'art ou telle description en dehors des images et des mots – comme en fait l'expérience, non loin de la Raspelière, le narrateur d'*À la recherche du temps perdu* lorsque se superposent au paysage de bord de mer les tableaux d'Elstir.

L'idée qu'au plaisir de la *mimesis* que décrit Aristote dans la *Poétique*, celui que l'humain tire des occasions qui lui sont données de contempler une représentation « fidèle » du monde, s'ajoute le plaisir de cette forme de reconnaissance inversée invite à considérer l'art aussi comme un des « référents » de la réalité que nous percevons : une réserve préexistante, un répertoire, de souvenirs, de repères, de signes et de marques. L'œuvre d'art n'offre donc pas seulement la possibilité de « figurer » le monde ; elle nous permet aussi de le configurer. Elle est à la fois une des manières de rendre le monde « lisible » et « imaginable », s'apparentant ainsi à une des modalités de la connaissance, et un lieu de « réalisation » du monde et de fabrication d'imaginaires : l'art « réalise » la réalité.

Il n'est pas anodin que cette expérience, qui met en *relation* ou en *dialogue* les créations plastiques et le monde, passe par une expérience spatiale. Ce que décrit ce moment d'épiphanie, qui permet à Gombrich de penser cette inversion de la reconnaissance – et donc du régime de référence –, c'est une expérience proprement spatiale. Le plaisir que nous avons à pouvoir nommer ce que nous voyons en disant « this is a so-and-so » (*ibid.*) – « c'est un Whistler », « c'est un Pissarro »… – surgit à un moment où se joue notre rapport à l'espace. C'est sur le sol de sa cuisine, dans son univers familier, que se superpose pour Gombrich le tableau de Lawrence Gowing ; c'est sur le mur de sa chambre à coucher que se superpose pour le jeune Marcel l'image mouvante de Golo (Poulet 1982 : 116) ; c'est dans notre rapport au monde qu'interviennent les images et les mots dont nous avons au préalable fait l'expérience. Il y a donc dans l'actualisation constante de la perception des objets et des espaces dont notre conscience est la conscience une dimension spatiale importante, que la littérature et l'art en général parfois thématisent et donc pensent.

Sans aborder de front la question du régime de référentialité de la création littéraire et artistique ni, à l'évidence, celle du sens de notions comme « réel » ou « expérience », le présent volume souhaite étudier les discours qui portent sur l'espace, et en particulier sur la mobilité

2 « Car s'il n'avait pas été permis à Whistler ou à Pissarro de créer sur leurs toiles des images reconnaissables du monde visible, nous n'aurions pas pu, à notre tour, reconnaître ces images dans la nature ».

spatiale, afin d'interroger d'une part ce qu'apporte le discours littéraire, entremêlé voire en compétition dans la société avec d'autres discours, à la compréhension de la mobilité spatiale et de l'humain en déplacement et, d'autre part, comment ces discours remettent en cause la question du référent. Flavio Sorrentino à propos du texte littéraire formule ainsi la question : « studiare lo spazio in letteratura vuol dire anche riaffrontare e ripensare quel nodo fondamentale della critica che è il rapporto tra reale e finzione, tra referente e testo, sempre trattato, mai risolto del tutto[3] » (Sorrentino 2010 : 11).

Ainsi, les études qui suivent questionnent le rapport entre espace et art (littérature, théâtre et cinéma plus particulièrement) à partir de l'idée que notre expérience du « réel », médiée par l'art, se construit de manière relationnelle et discursive. Elles s'accordent autour de l'idée que l'art est avant tout une *pratique de mise en relation* qui s'insère dans l'ensemble varié et stratifié de nos expériences et influence ainsi plus généralement notre rapport au monde et, plus particulièrement, notre figuration et notre pratique de l'espace. Dans notre perception de l'espace, tout comme dans notre manière de le pratiquer, « l'espace n'est jamais appréhendé comme un cadre abstrait » : l'espace ne préexiste pas à sa *réalisation*, « toute expérience spatiale s'articule sur des signes » et des formes qui résultent de la stratification successive d'expériences esthétiques qui « se surimposent aux données culturelles » (Desportes 2005 : 178).

Les formes de mobilités étudiées, racontées à l'aide d'un outil cartographique, ou encore sous la forme paradoxale de mobilité sans mouvement, se révèlent alors de puissants instruments critiques du monde. Qu'elles nous poussent à mettre en discussion leur statut dérivatif ou qu'elles permettent de réfléchir aux marges, aux frontières et donc de développer des prises de position politique, elles dépassent leur statut de simple motif pris dans une frise littéraire.

Le discours littéraire nous aide à faire exister le monde, à nous le *rendre présent* : « Plutôt que de voir la littérature comme l'art de combler une déficience, on pourrait la lire comme l'art d'entériner la nécessaire défaillance de notre existence dans le monde [...]. La littérature n'a pas vocation à représenter le monde ou le cartographier, elle ajoute à sa manière pour nous rendre présent ce qui sans elle nous échapperait sans possible rémission » (Liébert : *infra*). Elle « ajoute » notamment lorsqu'elle s'attache aux outils qui configurent, aux côtés de la littérature et

---

3 « Étudier l'espace littéraire c'est aussi réévaluer et repenser ce nœud fondamental de la critique qu'est le rapport entre réalité et fiction, entre référent et texte, toujours traité, jamais complètement résolu. »

de l'art, nos représentations de l'espace. La carte chez Chejfec devient un « monde parallèle » (Papotti : *infra*), un « contre-texte ». La cartographie y « irrigue […] le discours sur la désorientation spatiale et le sentiment de dépaysement » (*ibid.*). Elle participe d'une « crise du sentiment d'"adhésion" aux lieux » (*ibid.*). Elle « prend la forme d'un objet capable d'amorcer un dialogue avec la réalité, stimulant un chemin dialogique de reconnaissance entre la précision du dessin sur la carte et la complexité de la réalité et les règles d'utilisation concrète de l'espace ». Apparaissent alors « "deux mondes", comme l'indique le titre du roman de Chejfec, qui entretiennent un dialogue fructueux dans la pratique d'une flânerie animée par la curiosité et accompagnée par la cartographie » (*ibid.*). Et ce dialogue est plus complexe encore là où le monde, dans sa dimension perceptive « mobile », change sous l'emprise des transformations technologiques et industrielles.

La révolution industrielle est le point de départ d'un phénomène d'accélération (Rosa 2013) qui concerne notamment le domaine des transports. L'augmentation de la vitesse des transports provoque d'une part une tension (culturelle et perceptive) avec la lenteur des déplacements qui préexistent (la marche et la voiture à cheval) et une redéfinition des figures, comme celle du flâneur, liées aux déplacements lents dans l'espace (Soula, Nuvolati : *infra*). D'autre part, les transformations des manières de se déplacer et d'interagir, qui ont eu lieu au cours des derniers siècles, ainsi que les discours qui les ont entourées et qui les ont façonnées, ont fait émerger d'autres mondes encore. Il s'avère en effet que les innovations techniques qui marquent le XIXe et le XXe siècle font surgir, aux côtés de la question de la vitesse « qui modifie la relation phénoménologique de l'individu à l'espace » (Soula : *infra*), des discours inédits. Victor Hugo décrit en 1837 depuis la vitre du train, dont la vitesse ne doit pas dépasser les 40 km/h, un paysage fait de « taches » et de « raies », au sein duquel « un spectre debout paraît et disparaît comme l'éclair » (Gaudon, Gaudon et Leuillot 1971 : 423). Le paysage est chorégraphié (Schivelbusch 1986 : 60) par le train pour le voyageur qui développe alors une « philosophie synthétique du coup d'œil » (Gastineau 1861 : 31). S'ajoutent ainsi aux lents paysages des voitures à cheval les visions panoramiques offertes par la vitre du train, qui transperce les campagnes et les villes, comme le fait plus tard l'automobile.

Les récits qui se construisent à partir de l'une de ces expériences de mobilité (des auteurs et/ou des personnages) nous offrent à la fois une porte d'entrée privilégiée pour observer la dimension éminemment performative du texte littéraire (le monde change suivant la vitesse et les modalités du déplacement de l'œil qui le raconte et le fait exister) et une trajectoire de lecture qui nous accompagne à travers un ensemble de textes qui interrogent plus directement le rapport à la mobilité spatiale. De cet ensemble, les articles qui suivent ont saisi un mouvement en particulier, celui qui témoigne d'une forme de « résistance » au sein de laquelle émergent des visions et des géographies alternatives. Cette résistance est avant tout le résultat d'un retour à la marche comme mode privilégié d'appropriation de l'espace. Lorsque la question du flâneur est abordée, dans un monde désormais accéléré (Soula : *infra*) ou dans ses relations à un autre personnage mobile, le touriste (Nuvolati : *infra*), lorsqu'on soulève la question des limites et des frontières, de l'asile (Guglielmi : *infra*), de la ville (Peterle : *infra*), ou tout simplement de ce qui est encore accessible aux piétons, aux *viandanti*, aux ambulants (Milani : *infra*), c'est la question de la marche, dans ses rapports avec les modes de transports et l'aménagement modernes, qui est interrogée. Et elle se présente non pas comme un thème désuet et nostalgique, mais comme une pratique dont l'objectif est double. Elle permet d'explorer les espaces contemporains – les villes et les campagnes, mais aussi les périphéri(qu)es, les marges, les voies oubliées – en même temps que les choix stylistique et poétique des auteurs qui en rendent compte. Elle permet aussi d'inciter les lecteurs à devenir eux-mêmes des lecteurs-voyageurs ambulants. Ils peuvent eux aussi partir sur les traces de ces itinéraires créés par le texte pour participer à la resignification des lieux et découvrent les dynamiques spatiales propres aux lieux qu'ils traversent, dans un mouvement qui va de la page au monde et qui se fait à la fois critique et transgressif, renvoyant ainsi à une pratique littéraire qui a traversé la modernité.

C'est autour de la marche que s'affirme par exemple la posture de l'intellectuel solitaire chez Robert Walser (*Die Spaziergang*, 1919), tiraillé qu'il est entre son individualité et les rôles sociaux qu'il doit assumer. Le libre exercice de la promenade quotidienne devient le centre d'une critique des modèles préétablis (critique qui fait écho à celle faite sur un ton moqueur et surréaliste dans *Jakob von Gunten*, 1909) et fait du roman une étape importante du récit moderniste. L'écrivain qui marche y trouve une alternative séduisante à son écritoire. Il trouve l'inspiration ; il est frappé par une myriade d'impressions ; il observe ; il dessine ; il s'échappe de la misère de sa condition. À celui qui le convoque pour lui faire part de son étonnement de le voir marcher sans cesse, qui oppose à la marche l'efficacité économique et le *negotium* qui fait la réputation d'un homme respectable, l'écrivain réplique en faisant appel au rôle vital de son engagement quotidien : « Ohne Spazieren wäre ich tot, und mein Beruf, den ich leidenschaftlich liebe, wäre vernichtet[4] » (Walser 1917 : 54[5]). Chez Walser, dans sa manière mobile de renier le compactage dans les rangs de la ville, mais aussi chez Thoreau et Whitman, dans leur manière de tendre vers une dimension originaire de l'espace naturel, ne se discerne pas simplement une posture intellectuelle. Il y a aussi, et surtout, une revendication active qui vise la réappropriation de l'espace et qui a beaucoup à voir avec les tactiques dépaysantes de l'imagination pédestre développées face aux stratégies de pouvoir dont parle Michel de Certeau (1980).

Dans cette perspective revendicative et désobéissante, la marche sert aussi tout au long du xxe siècle à mettre en scène de nombreux personnages qui trébuchent : des aventures des Bundren en voyage dans *As I Lay Dying* (1930) de Faulkner, à celles du marcheur professionnel dans *Midnight Cowboy* de Schlesinger (1969), en passant par *Malcolm* (1959) de James Purdy ou encore à Harry Angstrom dans *Rabbit, Run* (1960) de John Updike, les tactiques de diversion par la marche achoppent face à une réalité sourde et étrangère. La marche traverse ainsi les pages et les époques, liant cette phase « de l'épuisement » (Barth 1967) de la culture de la modernité à la postmodernité hautement mécanisée et informatisée où la marche, au lieu de toucher à son obsolescence, devient une forme de résistance intellectuelle, concrète et désillusionnée, une manière d'explorer des mondes contemporains fragmentés et partiellement méconnaissables. Dans des narrations souvent non téléologiques qui s'apparentent à des reportages – songeons, en Europe, à la « nouvelle prose territoriale » ou à la « prose psychogéographique » dont a parlé Michael Jakob (2009 : 130), ou encore, suivant Westphal (2007 : 189), à la « fiction géographique » auxquelles on peut inclure *London Orbital* de Iain Sinclair, les petits livres périphériques de François Bon, Philippe Vasset, Jean Rolin, François Maspero, ainsi que les « récits d'observation » de la vallée du Po, par Gianni Celati, et encore les proses consacrées à la banlieue par Annie Ernaux, *etc.*) –, l'indistinction grandit entre espaces habités et espaces industriels ou post-industriels, espaces de la planification et espaces impossibles à cartographier, hors du contrôle légal et rationnel. Se déplacer à pied, ralentir le rythme et le regard, permet de redonner au monde exploré de nouveaux repères.

En décomposant les représentations consacrées, en reconfigurant les espaces et les possibilités de les traverser et de les utiliser, les récits de la mobilité incorporent des éléments de résistance et de critique de la société de leur temps, articulant des géographies alternatives, obliques et

4 « Sans mes promenades je serais mort et j'aurais dû depuis longtemps renoncer à ma profession, que j'aime passionnément. »

5 Voir à ce propos aussi Lévy (2007) et Hue (2010 : 181-190).

imprévues. Se cachant derrière leur propre difformité constitutive, leur disposition timide et vacillante, les auteurs/personnages nous poussent à repenser les traits et les profils, les centres et les périphéries, du monde qu'ils dessinent ; nous invitent à questionner la relation entre dedans et dehors, entre lieux visibles et invisibles, entre matérialité et immatérialité.

Les intérieurs oppressifs et les structures hétérotopiques d'internement et de confinement interrogent ainsi de manière profonde la possibilité de franchir les frontières et redéfinissent la relation qui se noue entre l'intérieur et l'extérieur (Guglielmi : *infra*). De même, les écrits queer (Iacoli : *infra*), qui se placent dans l'héritage de la protestation moderniste (incarné principalement, en termes de subversion sexuelle, par Gide et Genet) sont d'autres voix marginales qui construisent des espaces et des temps différents (Halberstam 2005). La dissidence sexuelle met en pratique des tactiques inédites, des déplacements difficiles à cartographier, des mobilités spécifiques : des configurations spatiales qui s'ajoutent comme autant de chorésies (Berque 2003) aux particularités géophysiques du territoire. Si la géocritique accueille les regards exogènes, c'est-à-dire les études postcoloniales, afin de mieux comprendre la constitution et les contradictions d'un lieu (Westphal 2007 : 188-189), il est désormais nécessaire d'enrichir encore l'analyse à partir d'autres points de vue « dissidents » (sujets queer, migrants, personnes sans domicile fixe…), qui produisent leur propre géographie alternative. Face à ces mobilités transgressives, nous sommes appelés à affiner nos compétences cartographiques, à rendre compte d'une pluralité d'expériences, de trajectoires, de manières de voyager et de vivre dans les espaces et les mondes contemporains. Une pluralité que parfois la langue même des textes met en scène, pratique, défiant toute frontière et se faisant témoigne, comme dans le cas du poème de Batalla, d'« une géographie en mouvement » (Desbois et Rubio : *infra*).

À la lecture des bibliothèques que produisent les études ici réunies, et dont se fait l'écho la bibliographie commune (Quaquarelli et Soula : *infra*), on s'aperçoit qu'elles s'organisent autour d'un manque : celui d'une analyse d'ampleur de la question de l'espace et des lieux envisagés au sein du discours littéraire depuis l'angle de la mobilité. S'il existe bien des ouvrages fondamentaux pour penser l'espace et le lieu (Berque 2001 et 2003, Casey 1998 et 2002, Relph 2008, Cresswell et Merriman 2012, Dardel 1990, Lussault 2017, Paquot et Younès 2009 et 2012) et la manière dont le discours littéraire les crée (Westphal 2007, Tally 2013 et 2017, Collot 2014), des ouvrages consacrés à la mobilité comme phénomène indépendant de ses représentations littéraires et artistiques (Adey 2017, Adey *et al.* 2014, Elliot *et al.* 2017, Salazar et Jayaram 2016), des ouvrages consacrés aux techniques de transport et à leurs paysages (Desportes 2005), aux modes de transports en eux-mêmes (Schivelbusch 1986, Zinato 2012, Charbonneau 1967) et plus particulièrement à la marche (Careri 2013, Solnit 2001, Garric 2007), des ouvrages consacrés au dialogue entre littérature et géographie (Desbois et Gervais-Lambony 2017, Brosseau 1996, Levy 2006 et 2007, Papotti 2014, Rosemberg 2016, Rossetto 2014), ou encore des ouvrages historiques consacrés aux circulations (Roche 2003), l'étude de la construction littéraire et artistique de l'espace et des lieux, de la spatialité, à partir d'une « métaphysique nomade » (Cresswell 2006 in Salazar 2016) par opposition à une « métaphysique sédentaire » (Malkki 1992 in Salazar 2016) reste encore à imaginer. Et on en mesure l'urgence, car s'il a été possible de penser la localisation comme support privilégié de l'idée même de culture, nous assistons sans doute aujourd'hui à une inversion qui fait du déplacement, de la mobilité, de la migration, des pratiques constitutives des significations culturelles (Benvenuti 2008).

Ce projet, dont le présent ouvrage peut seulement s'attacher à discerner les contours, nécessite une approche large, qui risque d'étouffer sous le poids des disciplines. Questionner la relation entre art, subjectivité et spatialité, en termes relationnels et discursifs, demande de prendre une position diagonale, oblique à l'égard des appartenances disciplinaires. C'est avant tout la « liberté buissonnière des pratiques » (De Certeau 1980) qui doit être recherchée, afin de relire et d'élaborer une posture qui s'inscrive dans la ligne d'un appel à la différenciation et à la singularité de l'expérience spatiale. C'est avant tout sur les bords qu'il faut se tenir pour s'efforcer de saisir, dans un même discours théorique, les lieux et les cadres perceptifs créés par l'art et la littérature et le dialogue qu'ils entretiennent avec les réalités géophysiques actuelles, qui recouvrent les traces de lieux enfouis, ni tout à fait présents, ni tout à fait absents.

Bibliographie

Adey Peter, *Mobility*, New York, Routledge, 2017.

Adey Peter, Bissel David, Hannam Kevin, Merriman Peter et Sheller Mimi (dir.), *The Routledge Handbook of Mobilities*, New York, Routledge, 2014.

Barth John, « The Literature of Exhaustion » [1967], in *The Friday Book. Essays and Other Non-Fiction*, New York, Putnam, 1984, p. 62-76.

Benvenuti Giuliana, *Il viaggiatore come autore. L'India nella letteratura italiana del Novecento*, Bologna, il Mulino, 2008.

Berque Augustin, *Écoumène. Introduction à l'étude des milieux humains*, Paris, Belin, 2001.

— « Lieu », in *Dictionnaire de la géographie et de l'espace des sociétés*, Lévy Jacques et Lussault Michel (dir.), Paris, Belin, 2003.

Brosseau Marc, *Des romans-géographes*, Paris, L'Harmattan, 1996.

Careri Francesco, *Walkscapes. Camminare come pratica estetica*, Torino, Einaudi, 2013.

Casey Edward S., *Representing Place. Landscape Painting & Maps*, Minneapolis, University of Minnesota Press, 2002.

— *The Fate of Place. A philosophical history*, Berkeley, University of California Press, 1998.

De Certeau Michel, *L'invention du quotidien. Arts de faire 1*, Paris, Gallimard, 1990.

Charbonneau Bernard, *L'Hommauto*, Paris, Denoël, 1967.

Chejfec Sergio, *Mis dos Mundos*, Barcelona, Candaya S.L., 2008.

Collot Michel, *Pour une géographie littéraire*, Paris, Éditions Corti, 2014.

Cresswell Tim, *On the Move. Mobility in the Modern Western World*, New York, Routledge, 2006.

Cresswell Tim et Merriman Peter (dir.), *Geographies of Mobilities : Practices, Spaces, Subjects*, London, Ashgate, 2012.

Dardel Eric, *L'Homme et la Terre. Nature de la réalité géographique* [1952], Paris, Ed. du CTHS, 1990.

Desbois Henri et Gervais-Lambony Philippe, *« Les lieux que nous avons connus ». Deux essais sur la géographie, l'humain et la littérature*, Nanterre, Presses Universitaires de Paris Nanterre, 2017.

Desportes Marc, *Paysages en mouvement. Transports et perception de l'espace* XVIIIe-XXe *siècle*, Paris, Gallimard, 2005.

Elliot Alice, Norum Roger et Salazar Noël (dir.), *Methodologies of Mobility : Ethnography and Experiment*, New York, Berghahn Books, 2017.

Garric Henri, *Portraits de villes : marches et cartes. La représentation urbaine dans les discours contemporains*, Paris, H. Champion, 2007.

Gastineau Benjamin, *La Vie en Chemin de fer*, Paris, E. Dentu éditeur libraire de la Société des Gens de Lettres, 1861.

Gaudon Jean, Gaudon Sheila et Leuillot Bernard (dir.), *Correspondance familiale et écrits intimes*, t. ii (1828-1839), Paris, Robert Laffont.

Gombrich Ernst H., *The Image and the Eye. Further studies in the psychology of pictorial representation* [1979], London, Phaidon, 1994.

Halberstam Judith, *In a Queer Time and Space. Trasngender Bodies, Subcultural Lives*, New York, New York University Press, 2005.

Hue Jean-Louis, *L'Apprentissage de la marche*, Paris, Grasset, 2010.

Jakob Michael, *Il Paesaggio*, Bologna, Il Mulino, 2009.

Lévy Bertrand, « "La promenade" de Robert Walser », in *Marche et paysage. Les chemins de la géopoétique*, dirigé par Bertrand Lévy et Alexandre Gillet, Genève, Metropolis, 2007.

— « Géographie et littérature. Une synthèse historique », in *Le Globe*, 2006, p. 25-52.

Lussaut Michel, *Hyper-lieux. Les Nouvelles géographies de la mondialisation*, Paris, Seuil, 2017.

Malkki Lisa H., « National Geographic : The Rooting of People and the Territorialization of National Identity among Scholars and Refugees », in *Cultural Anthropology*, 1992, n° 7 (1), p. 24-44.

Papotti Davide et Tomasi Franco (dir.), *La geografia del racconto. Sguardi interdisciplinari sul paesaggio urbano nella narrativa italiana contemporanea*, Bruxelles, Peter Lang, 2014.

Paquot Thierry et Younès Chris (dir.), *Le Territoire des philosophes. Lieu et espace dans la pensée au XXe siècle*, Paris, La Découverte, 2009.

— *Espace et lieu dans la pensée occidentale. De Platon à Nietzsche*, Paris, La Découverte, 2012.

Poulet Georges, *L'Espace proustien*, Paris, Gallimard, 1982.

Proust Marcel, *À la recherche du temps perdu*, Paris, Gallimard, 2006.

Relph Edward, *Place and Placelessness*, Londres, SAGE, 2008.

Roche Daniel, *Humeurs vagabondes. De la circulation des hommes et de l'utilité des voyages*, Paris, Fayard, 2003.

Rosemberg Muriel, *L'Espace géographique* (« Spatialités littéraires »), n° 45, 2016.

Rossetto Tania, « Theorizing Maps with Literature », in *Progress in Human Geography*, n° 38, 2014, p. 513-30.

Salazar Noël et Jayaram Kiran, *Keywords of Mobility. Critical Engagements*, New York, Berghahn Books, 2016.

Schivelbusch Wolfgang, *The Railway Journey. The Industrialization of Time and Space in the 19th Century*, Lemigton Spa, Hamburg, New York, Berg Publishers, 1986.

Solnit Rebecca, *Wanderlust. A History of Walking*, London, Verso, 2001.

Sorrentino Flavio (dir.), *Il senso dello spazio. Lo « spatial turn » nei metodi e nelle teorie letterarie*, Roma, Armando Editore, 2010.

Tally Robert T. Jr., *Spatiality*, New York, Routledge, 2013.

— The Routledge Handbook of Literature and Space, New York, Routledge, 2017.

Walser Robert, *Die Spaziergang*, Frauenfeld-Liepzig, Huber 1917.

Westphal Bertrand, *La Géocritique : réel, fiction, espace*, Paris, Les éditions de Minuit, 2007.

Zinato Emanuele, *Automobili di carta. Spazi e oggetti automobilistici nelle immagini letterarie*, Padova, Padova University Press, 2012.

Le flâneur et le touriste, l'amour et la haine[1]

Giampaolo Nuvolati
Università degli Studi di Milano-Bicocca

Traduction d'Adrien Frenay et Lucia Quaquarelli

La présente contribution poursuit la réflexion entamée dans le volume *Lo sguardo vagabondo. Il flâneur e la città da Baudelaire ai postmoderni*, paru en 2006 aux éditions Il Mulino de Bologne. La présentation du volume dans des circonstances et des contextes nombreux et variés m'a permis de recueillir des notes et des observations particulièrement utiles pour approfondir la question des rapports qu'entretiennent complexité urbaine, flânerie et recherche sociologique. Je voudrais ici avant tout analyser la relation problématique qui s'établit entre la figure du flâneur et celle du touriste. Cette relation en continuelle évolution se caractérise par une série de mouvements qui nous poussent tantôt vers l'autonomie des deux figures et la distance qui les sépare, tantôt vers leur proximité et leur dépendance. Dans cette oscillation, les concepts de flâneur et de flânerie se montrent encore une fois particulièrement efficaces afin de mettre en lumière certains traits de la modernité tardive, en ce qu'elle se décline en une série d'attitudes et de comportements qui nous montrent que l'idée même de flâneur ne doit pas être reléguée à tout jamais au passé – et surtout pas à la période dans laquelle Baudelaire se perd dans les rues de Paris –, mais qu'elle acquiert une importance essentielle pour comprendre l'actualité. Il convient tout d'abord de faire un résumé des épisodes antérieurs : qui

[1] Cet article inédit reprend et réélabore des considérations précédemment publiées dans : « Le flâneur dans l'espace urbain », in *Géographie et Cultures*, n° 70 (« Corps urbains. Mouvement et mise en scène »), décembre 2009, p. 7-20 ; « Flâneur o turista : due modi diversi di relazionarsi con la città », in *Le strategie per una valorizzazione sostenibile del territorio. Il valore della lentezza, della qualità e dell'identità per il turismo del futuro*, Calzati Viviana et de Salvo Paola (dir.), Milan, Franco Angeli, 2012, p. 108-122 ; *L'interpretazione dei luoghi. Flânerie come esperienza di vita*, Florence, Firenze University Press, 2013 ; « The Flaneur : A Way of Walking, Exploring and Interpreting the City », in *Walking in the European City*, Shortell Timothy et Brown Evrick (dir.), Ashgate, Burlington, 2014, p. 21-40.

est le flâneur ? Quelles sont ses principales caractéristiques ? Après avoir répondu à ces interrogations, je vais essayer, en m'appuyant en partie sur le contenu du texte cité *supra*, d'explorer les thèmes suivants : distance et proximité entre flâneur et touriste, tourisme et *serendipity*, tourisme et expérience métropolitaine.

La définition de flâneur

Les origines et les usages du mot *flâneur* sont variés. Certains le font dériver du norrois *flana*, « courir à une vitesse vertigineuse ici et là » ; d'autres, d'un mot irlandais qui correspond à l'italien *libertino*. On retrouve le mot dans l'Encyclopédie Larousse au XIXe siècle pour désigner une personne oisive. Dans plusieurs régions italiennes, on dit de celui qui baguenaude toute la journée, qu'il *fa flanella*, c'est-à-dire qu'il vivote sans trop s'en faire. À l'origine, ceux qui « font flanelle » fréquentaient les bordels sans *consommer*, ils s'y attardaient en conversation avec la tenancière et les prostituées, dans l'espoir d'obtenir des prestations gratuites. L'attitude du flâneur est notoirement considérée comme provocatrice autant vis-à-vis des catégories anciennes de travailleurs de l'époque *fordiste*, caractérisées par un rythme de travail exténuant, que vis-à-vis des hommes et des femmes postmodernes, essoufflés à cause de la compétitivité croissante et de la responsabilité qui leur incombe dans la solution aux problèmes du quotidien. Selon mon opinion, il existe de nombreux individus qui, sans pouvoir être définis comme flâneurs tout court[2], présentent certaines affinités avec eux. Je ne fais pas seulement référence aux autres protagonistes reconnus de l'errance, comme les vagabonds *hippies*, les poètes, les jeunes marginaux (Maffesoli 2000), ni aux activistes politiques qui participent aux manifestations pour la paix dans le monde entier (Leontidou 2006), ni aux sans-abri qui se déplacent sans cesse, des clochards aux immigrés. Je fais plutôt référence aux quelques figures *interstitielles* de notre société dont le rapport spécifique à l'espace est celui de l'exploration : a) une personne âgée curieuse qui se promène et qui observe les ouvriers au travail ; b) un quinquagénaire au café ou au PMU qui regarde les gens qui passent sur le trottoir ; c) des étudiants qui s'installent dans une autre ville pour y étudier ; d) des enfants parcourant la ville à la recherche d'espaces ouverts où jouer (cette image rappelle le célèbre roman de Ferenc Molnàr de 1907, *Les Garçons de la rue Paul*) ; e) l'*idiot du village*, figure suspendue dans le vide entre

---

2 En français dans le texte. [NdT]

les moments de production et de reproduction sociale qui remplissent la vie de tous les jours et dont l'étude devrait être développée grâce à des recherches sociologiques plus ciblées.

Comme on peut le noter, il s'agit d'acceptions qui de manière générale nous renvoient une image négative du flâneur, qui véhiculent une idée de faiblesse et de marginalité. Il faut par contre ajouter à cette image des couleurs plus nobles. Le flâneur est aussi un écrivain, un intellectuel, un artiste qui se perd dans la ville et qui, grâce à sa sensibilité, est capable d'interpréter les sens les plus cachés de notre vie urbaine, le *genius loci* de la ville. Dans l'histoire de la littérature, les flâneurs par excellence sont Charles Baudelaire et Honoré de Balzac pour Paris, Charles Dickens et Virginia Woolf pour Londres, Nikolaj Gogol pour Saint-Pétersbourg, James Joyce pour Dublin, Alfred Döblin pour Berlin, Ferdinando Pessoa pour Lisbonne, John Dos Passos et Paul Auster pour New York, Orhan Pamuk pour Istanbul, Nagib Mahfuz pour Le Caire, et Pier Paolo Pasolini pour Rome. Et à l'origine de cette flânerie littéraire, il y a bien sûr *L'homme des foules* d'Edgar Allan Poe.

Il est clair que la liste pourrait continuer presque à l'infini, mais ces quelques noms sont suffisants pour nous rassurer sur le fait que la pratique de la flânerie peut compter sur des personnages illustres : le meilleur de la littérature. Il est certain que leurs œuvres nous ont permis de mieux comprendre les villes qu'ils nous ont racontées, tout en exerçant également, de manière peut-être inconsciente, une fonction sociologique : elles ont offert à la sociologie une série d'images et de perspectives utiles pour imaginer des hypothèses de recherche qui s'ajoutent aux méthodes plus traditionnelles d'analyse quantitative et qualitative.

Toutefois le flâneur n'est pas seulement celui qui observe, qui mène le jeu, il est aussi aujourd'hui l'*observé* ; il est devenu d'une certaine manière le symbole de la modernité avancée, image du processus d'individualisation des pratiques de vie, de la précarité et de la fragmentation des rapports sociaux, du caractère illusoire des relations interpersonnelles. Pour Bauman (1999), le flâneur est la figure distinctive de la modernité radicale, qui s'ajoute au vagabond, au touriste, au joueur, emblèmes de la terreur que ressent l'homme postmoderne d'être lié à un seul lieu. Mais si dans le passé le flâneur était le *metteur en scène invisible* de la vie urbaine, aujourd'hui il n'est qu'un acteur-acheteur, le destinataire d'une mise en scène de séduction ou encore, avec la prédominance de la dimension domestique sur la dimension publique, un simple *cyberflâneur*. Pour Giddens (1991), le flâneur est le symbole de la condition d'anonymat qui caractérise la société urbaine actuelle. Pour Sennett (1990), il représente l'*homo aestheticus*, l'*homo ludens*, l'expression la plus avancée de l'hédonisme et du narcissisme. Pour Ami et Thrift (2002), dans l'univers en transformation rapide des contextes urbains, le flâneur constitue la seule figure qui possède une sensibilité, à la fois poétique et scientifique, qui lui permet de lire les changements, de subvertir les stéréotypes, d'analyser les diverses formes d'usages de la ville.

Les contradictions du flâneur

Au fil du temps, le flâneur est devenu le synonyme d'un style de vie spécifique, d'une manière de concevoir l'espace, de personnaliser la relation aux lieux : il est un symbole de liberté, d'indépendance et même de raffinement. À Londres, au 41 Farringdon Road, se trouve le restaurant *Flâneur, Food Hall & Restaurant* qui satisfait les goûts les plus sophistiqués. La réclame[3] du restaurant annonce « Flâneur sells the best products from all over the world, from France to the Usa. Lots of fresh produce and large wine selection[4] ». Les produits frais peuvent être achetés, cuisinés et consommés à la maison, ou bien il est possible de déjeuner sur place pour environ 25-35 livres et de profiter du charme d'un lieu aussi raffiné qu'original, qui n'est pas destiné à la masse des touristes mais plutôt au flâneur dans sa déclinaison de voyageur d'élite qui, seul, découvre et fréquente ces lieux. Mais un *Flâneur Café* existe aussi à Tokyo, tout comme dans le monde entier on publie des magazines, des guides et des sites internet dédiés à cette figure. Le marché n'hésite pas à proposer des articles spécifiquement conçus pour les flâneurs : des carnets de voyage (pour des écrivains toujours inspirés) aux studios[5] à louer tout autour du monde, où on habite pour quelque temps, faisant de ces lieux des points de rencontre pour d'autres flâneurs. Dans l'imaginaire collectif, le flâneur est essentiellement un mâle, appartient à une classe aisée, est cultivé, vient de la partie nord de l'hémisphère. Bien que ce profil ne corresponde pas toujours à la vérité – il suffit de penser au nombre croissant de flâneuses ou aux pratiques de flânerie menées par des femmes, tout comme à la version la moins édulcorée de la flânerie, qui concerne le vagabondage des sans-abri ou des poètes sans argent –, il reste néanmoins le plus répandu.

---

3 En français dans le texte. [NdT]

4 « Le Flâneur vend les meilleurs produits du monde entier, de la France aux États-Unis. Beaucoup de produits frais et un grand choix de vins. »

5 En français dans le texte. [NdT]

La description du flâneur et de son *modus vivendi* met déjà en évidence sa nature oxymorique faite de nombreuses contradictions, que l'on pourrait résumer en huit points.

1. Le premier point concerne l'ingénuité du personnage, son désir de découvrir l'inconnu, de s'abandonner au labyrinthe urbain, qui le rapproche d'un enfant enthousiaste, d'un *puer æternus* ; en même temps, le flâneur est aussi *senex*, c'est-à-dire le savant qui sait presque toujours reconnaître jusqu'où il peut pousser son exploration improvisée et quand il doit se retirer. La fusion du *puer* et du *senex*, figure métaphorique de la psychanalyse, demeure un trait constitutif du flâneur, c'est-à-dire de celui qui est capable, d'une fois sur l'autre, de conjuguer l'aspiration primordiale de la découverte, dans les formes les plus incisives dans lesquelles elle se manifeste, avec le courage de la recherche et la sagesse interprétative. Le *shock* urbain et le dépassement de ce même *shock* par son élaboration constituent une partie essentielle du processus d'adaptation du flâneur au contexte.
2. Il est solitaire et mélancolique, mais il aime dans le même temps se fondre dans la foule. Il se perçoit différent, comme un observateur extérieur, mais il ne peut se priver de s'immerger dans la multitude, tant il est vrai que la ville, et tout particulièrement la métropole, a toujours été le lieu d'élection de la figure du flâneur, son terrain d'exploration privilégié. L'indétermination qui caractérise les contextes urbains rend ces-derniers semblables au désert où le sable, à savoir la multitude, efface les traces du passage du flâneur. Le flâneur peut ainsi alimenter son activité préférée : regarder sans être vu, jouer à une sorte de solitaire, de méta-jeu sans concurrents où n'existent que les règles établies par le flâneur lui-même. D'ailleurs, le flâneur *mènera le jeu* aussi longtemps que le monde de la consommation ne se mettra pas en capacité de le phagocyter et de faire de lui un simple *acheteur*.
3. Le flâneur, on le sait, est un oisif ; or l'oisiveté est nécessaire mais pas suffisante pour en dessiner l'image. Encore une fois, l'image du flâneur renvoie plutôt à deux pôles opposés : s'abandonner aux instincts en se déplaçant dans la ville et, aussi, réussir à enregistrer avec une certaine précision les émotions éprouvées. L'oisiveté, donc, mais aussi la concentration. L'insouciance et, aussi, l'anxiété de la recherche. Deux éléments présents chez le flâneur dans des proportions différentes et qui font de lui, selon les moments, tantôt un provocateur dans sa démarche hiératique au sein d'un

monde qui va vite, tantôt quelqu'un qui est capable d'élans créatifs surprenants.

4. Le flâneur montre à certains égards une âme indisciplinée ; dans sa manière de regarder de loin – si ce n'est de haut – la fourmilière urbaine, il se place dans une position de distance, de supériorité, de refus des règles qui orientent les flux du quotidien. Dans cette posture, il est un rebelle, un réfractaire, qui refuse de suivre les circuits préétablis. Mais en réalité cette distance et cette supposée supériorité sont souvent illusoires. L'omniprésence et l'omnipotence du marché, l'enchantement des nouveaux temples sécularisés de la consommation ont un caractère satanique et semblent désormais ne plus épargner le flâneur, qui autrefois hésitait sur le seuil.
5. Dans l'œuvre du flâneur confluent des narrations fondées sur l'imagination et sur l'analyse descriptive de la réalité. Fait et fiction constituent les aspects essentiels pour esquisser le contour de situations difficiles à documenter autrement. Dans ce jeu d'alternance constante résident la créativité du travail scientifique et la puissance analytique de l'invention littéraire. La sacralité de la science et les éléments profanes de l'art fusionnent dans l'effort heuristique.
6. Le flâneur garde d'un côté une attitude de détachement de la réalité et de l'autre, de participation. Même s'il tisse des liens faibles avec l'*autre* – une fois l'expérience terminée, le rapport se dissout –, sa conduite de vie le pousse souvent à faire l'expérience du partage avec l'*étranger* jusqu'à l'emphase sensorielle, dans une sorte d'initiation à l'inconnu et à tous les *shock* qu'implique cette phase, qui est pourtant souvent essentielle pour saisir le sens le plus authentique des situations. Chez le flâneur, les comportements de compromission et de retrait alternent constamment.
7. La dimension domestique et la dimension publique se combinent chez le flâneur au point de fusionner : la rue devient la maison et la maison la rue, dans un va-et-vient frénétique où l'intimité et l'isolement que cherche l'individu trouvent une réalisation dans la sphère publique et inversement. Certaines villes se prêtent davantage à la pratique de la flânerie précisément pour la raison qu'elles se laissent traverser par le flux des événements en y répondant par l'improvisation puisque, dans ces villes, les frontières entre privé et public tendent à s'effacer, emportées par une vitalité urbaine inépuisable – c'est d'ailleurs dans ce sens que Benjamin esquisse le portrait de Naples (1997). Toutefois, la fusion entre les dimensions publique et domestique peut trouver également une déclinaison

différente dans la *cyberflânerie*, c'est-à-dire dans la navigation et la communication *via* internet : une forme de flânerie qui nie l'idée même de flânerie, mais qui est aujourd'hui de plus en plus répandue.

8. Dans la société de la modernité tardive en particulier, où les codes évaluatifs tendent à se multiplier, où les critères de jugement se montrent aussi diversifiés et pour cela plus faibles, on assiste chez le flâneur à la victoire de la raison esthétique sur la raison éthique. Mais, puisque les deux éléments font encore partie du projet narratif, il ne s'agit pas toujours d'une scission nette ; et chez un certain nombre d'écrivains, il est facile d'entrevoir une approche *engagée*, même si un tel intérêt prend dans la contemporanéité des connotations qui diffèrent très largement de celles qui circulaient dans la littérature de la modernité, caractérisées par des orientations idéologiques et morales bien plus rigoureuses. Le flâneur contemporain est tout sauf un révolutionnaire qui veut changer le monde ; la perspective politique ne lui est pas propre, même si cela n'empêche pas que son analyse de la réalité en termes d'esthétique puisse constituer un premier moment de réflexion critique sur la réalité sociale.

Fig. 1 – Le flâneur oxymorique

1	Puer	… senex
2	Seul	… dans la foule
3	Oisif	… affairé
4	Rebelle	… consommateur conforme
5	Doté d'imagination	… réaliste
6	Enclin à une immersion	… parfois incomplète dans la réalité des faits
7	Emblème d'une dimension privée	… qui ne cesse de se mélanger à la sphère publique
8	Critique	… a-politique

Le flâneur et le touriste

Malgré le fait que les caractéristiques du flâneur, à peine esquissées, en fassent une figure fuyante et difficile à saisir, ou bien précisément à cause de cela, le flâneur représente à maints égards l'icône de la liberté, de l'autonomie de mouvement et de réflexion, de la capacité intellectuelle à produire une lecture originale et à la fois véridique de la ville et de la vie qui s'y déroule. Synthèse du cœur et de la raison, de la passion et du détachement, de l'extraordinaire dans l'ordinaire, le flâneur en vient à représenter un mythe, un modèle que les autres regardent en un jeu inépuisable de conflits et de critiques, de dépendance et de réciprocité, d'admiration et d'imitation, dont la société postmoderne est le témoin. Comme l'observe Featherstone (1998) à propos du livre de Luis Hart, *Physiologie du flâneur*, paru en 1841, le fait que sa première édition fut vendue à 10 000 exemplaires en moins d'un an témoigne du fait que les gens désirent être des flâneurs ou pratiquer la flânerie. C'est surtout le cas pour les jeunes gens cultivés de la classe moyenne, attirés par un modèle de vie intellectuelle et *bohémienne*, grâce auquel ils pourraient exprimer tout leur potentiel artistique et qui semble être garanti par la constante résistance de la figure du flâneur face à l'homologation consumériste.

Cependant, dans le même temps, le flâneur adopte souvent, du fait de son comportement provocateur, une attitude snob, d'éloignement et de détachement qui inhibe les autres touristes, relégués à un rôle ancillaire, masse informe aux itinéraires consuméristes, incapable dans le flux de capturer le véritable sens des lieux visités.

Et c'est précisément autour de cette ligne de crête, qui touche à des sentiments que l'on pourrait qualifier de haine et d'amour réciproques, que se configure le rapport entre le flâneur et le touriste. Commençons par les aspects qui tendent à différencier ces deux figures et qui se déclinent à plusieurs échelles.

- Le touriste est notoirement à la recherche d'une situation insolite, qui renverse la routine de la vie quotidienne et professionnelle. Pour lui, les vacances correspondent à une suspension temporaire de la vie ordinaire, un tableau qui disparaît au moment où il sort du cadre et retourne à la vie de tous les jours. Au contraire, le flâneur est celui qui essaie d'étendre le plus possible la condition d'éloignement. Poussé par l'angoisse de la recherche et du désir de vivre dans cette condition, son objectif devient celui de rendre ordinaire l'extraordinaire. Dans le même temps, pour le flâneur, le désir de l'*ailleurs* ne présuppose pas toujours un voyage réel, mais une expérience mentale fondée sur la diversité du regard, sur une lecture originale de la réalité. Dans ce cas, c'est le quotidien, la normalité, qui devient extraordinaire, à l'inverse de ce qui se passe pour les flâneurs voyageurs pour lesquels l'extraordinaire se normalise.

- Dans la majorité des cas, le rapport entre le touriste et les lieux qu'il visite est médié par une série de prestations marchandes. La ville *se vend* : elle vend ses musées, ses théâtres, ses restaurants, ses *souvenirs*, dans un processus d'échange fortement filtré par les codes de l'industrie touristique, par la règle de l'offre et de la demande. L'espace de la spontanéité est toujours plus réduit ou faussement naturel ; le troc, conçu comme un échange sans argent, est presque inexistant. Le désir du flâneur est au contraire celui de dépasser les circuits touristiques dans l'usage et la consommation de la ville, de devenir natif et intégré pour partager avec les natifs le style de vie local, jusqu'à participer aux processus les plus authentiques de réciprocité et savourer les éléments extraordinaires de l'ordinaire. C'est la voie qui lui permet d'un côté de se distinguer de la masse des touristes et, de l'autre, de s'approcher davantage de l'âme des lieux et de leurs sens les plus cachés. Il s'agit d'un chemin tortueux et difficile qui dans certains cas s'accomplit en faisant du flâneur une figure supérieure au touriste du point de vue de la qualité du rapport qu'il entretient avec la ville.
- Cette opportunité est offerte au flâneur en grande partie par la possibilité qu'il a de prolonger et d'organiser librement le temps de son voyage réel et mental, à la différence de ce qui se passe pour les touristes, dont les rythmes de déplacements sont beaucoup plus frénétiques. Ces derniers ont besoin de se voir offrir un *concentré* des lieux visités, surtout quant aux aspects les plus tangibles et matériels, dans une sorte de *tourisme tayloriste* qui tend à proposer une séquentialité rigide, même en termes d'horaire, des expériences du voyage. Le voyage est ainsi organisé de manière à favoriser, sinon à forcer, la programmation des événements dans un laps de temps précis. Pour être saisis et appréciés, les éléments immatériels des lieux, synthèse de la culture et de l'atmosphère que l'on respire dans un contexte spécifique, demandent au contraire des temps d'expérience plus longs, de quasi-oisiveté.
- Le flâneur ne peut que marcher et son pas ne peut qu'être lent, méditatif, interrompu, presque en suspens et dans l'attente. Le touriste aussi peut avoir une prédilection pour la marche, mais il s'agit toujours d'une marche qui évite les pauses trop prolongées puisque le temps des visites est préétabli et souvent accéléré. L'aventure du flâneur s'accompagne de la réflexion la plus profonde, du doute sur le chemin à prendre face à une bifurcation, de la rêverie qui nait dans un lieu et dans un moment précis mais qui pousse vers un ailleurs temporel et spatial. La rapidité du touriste

répond à l'urgence de saisir le temps présent, sans quoi le voyage paraîtrait inutile.

- Le touriste ne doit pas se perdre, ou alors très peu, puisque cela signifierait gâcher du temps et des ressources et aussi risquer de se trouver dans des circonstances dangereuses. S'il existe un vagabondage, il est toujours contrôlé, précisément dirigé, au contraire de ce qui se passe pour le flâneur qui, lui, est par antonomase un individu qui doit découvrir l'inconnu plus que suivre les indications des guides. Des flâneurs, on dira plutôt qu'ils dessinent des cartes, des cartes originales que peu de gens connaissent, des cartes géographiques ou mentales, c'est-à-dire des manières fortement personnalisées de dire à nouveau ce qui est déjà connu.
- Enfin, le touriste regardera de loin la réalité, à travers des modalités prédéfinies, sans avoir la possibilité d'une réelle immersion, à la différence du flâneur lequel, grâce à un parcours d'*initiation*, pourra être accueilli par la communauté locale. Chez le touriste, une première phase de stupéfaction et de curiosité à l'égard de l'extraordinaire est suivie habituellement par une phase de contrôle. Au contraire, chez le flâneur, ce sont d'abord des attitudes blasées et détachées, puis de véritables désirs de contamination et de compromission, qui naissent, et cela dans une alternance incessante.

Continuum et fusion de la flânerie et de l'expérience touristique

Le lecteur du présent article aura certainement compris que ces portraits correspondent au type idéal du touriste ou du flâneur, qui sont les deux pôles d'un *continuum* expérientiel-existentiel au sein duquel défile une large gamme de touristes-flâneurs et de flâneurs-touristes. Comme le fait remarquer Judd (2003), nous assistons aujourd'hui à une sorte de résistance aux pratiques touristiques les plus répandues et règlementées qui détermine tantôt un usage ironique des espaces dédiés au tourisme, tantôt un refus ou encore une fuite de ces espaces. Il s'agit là de touristes intellectualisés ou de touristes dits « relationnels », qui montrent un intérêt pour un rapport plus authentique aux lieux et les communautés, refusant certains choix consuméristes et ne respectant pas les temps fixés du tourisme de masse. Il est intéressant de noter que Judd, à la fin de ce parcours de rejet des *enclaves* touristiques, évoque précisément la figure du flâneur.

À la lumière des réflexions jusqu'ici développées, nous pouvons donc construire un schéma qui repose sur trois composantes fondamentales du voyage.

La *composante commerciale concentrée* prévoit un rapport entre le sujet et les lieux visités médié par l'achat d'un pack voyage complet ; la *composante expérientielle située* renvoie à la capacité de choisir dans un contexte spatio-temporel défini (tourisme à la carte) ; alors que la *composante existentielle continue* concerne la dissolution et la déstructuration des frontières et des temps de voyage dans une optique de recherche et de tension répétées qui engagent l'individu et marquent davantage sa biographie.

Fig. 2 – Composantes du voyage

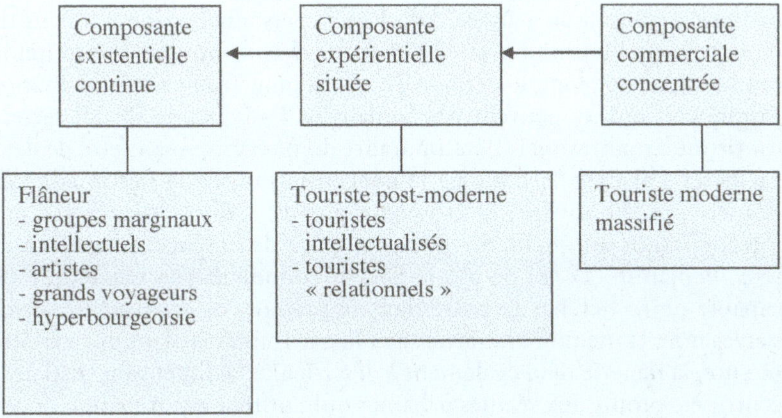

Les aspects existentiels se déclinent sous forme de survivance et d'adaptation au contexte urbain dans le cas des groupes les plus faibles alors que, dans le cas des individus socialement et économiquement plus forts, ils prennent les couleurs de l'expressivité artistique et de la multiplication expérientielle. Les pôles de la normalité et de l'exceptionnalité tendent à se rejoindre et se superposent parfaitement dans les activités du flâneur où la vie et le voyage – vie comme voyage et voyage comme vie – ne font plus qu'un. À la différence de ce qui se passe pour le touriste, pour lequel le hiatus entre le quotidien et les vacances demeure assez net, et cela malgré l'articulation complexe et diluée de l'expérience touristique, le flâneur a comme finalité ultime le fait de se sentir partout chez lui. Un phénomène comme celui des résidences secondaires répond à un besoin spécifique : le désir de multiplier les situations d'appartenance, de vivre les circonstances exclusives offertes par la singularité du rapport « continué » avec des lieux où il est possible d'habiter pendant certaines périodes de l'année. Ubiquité et identité, sentiments opposés à certains égards, se manifestent ici, convergent et renvoient à la philosophie du flâneur.

Comme l'observe Morawski (1994), si le flâneur partage avec le touriste l'anonymat et la curiosité, il est également vrai que leurs désirs de connaissance présentent des caractéristiques très différentes. Chez le flâneur, l'expérience de rencontre avec la ville révèle toujours une profondeur et une intimité plus grandes. Le spectacle urbain préconditionné n'est pas consommé en public à la hâte ; au contraire, la ville s'offre à l'interprétation dans sa dimension quotidienne en déterminant ce qu'est la fusion du moment public et privé. Dans cette fusion s'accomplit de manière définitive la personnalisation, l'unicité du rapport entre l'homme et la ville et le *hic et nunc* unique, qui toutefois ont besoin d'une longue période de temps pour trouver leur réalisation magique et qui ne peuvent pas facilement être circonscrits au secteur touristique traditionnel. L'atemporalité du flâneur se manifeste de deux manières : a) dans le refus de la concentration, de la saisonnalité de l'expérience du voyage, mais encore plus b) dans la négation d'une interprétation uniquement contemporaine de l'espace urbain. En ce sens, Benjamin (1978) définit le flâneur comme *diachronique* car il est capable de rechercher le passé dans le présent, de reconstruire et de sauvegarder la mémoire rattachée aux lieux. Toutefois, dans une certaine mesure, la flânerie tend également à désarticuler la dimension spatiale et centripète propre aux réalités urbaines qui s'offrent aux touristes, et cela encore une fois de deux manières différentes : a) par la reconnaissance du fait que les lieux sont marqués non seulement dans leur matérialité par la stratification des constructions mais aussi par une série de signes de nature hautement immatérielle qui ne cessent de se renouveler dans leur dialogue avec les composantes matérielles ; b) par la conscience qu'une ville ne peut être connue ni se reconnaître uniquement grâce à une suite de circuits privilégiés (les principaux monuments et lieux d'attraction touristique du centre-ville) mais doit s'ouvrir à des explorations plus amples, larges et articulées, capables de toucher les zones de détresse et de marginalité.

Les villes comme industries de la culture et du divertissement, comme collections d'images capables d'attirer les touristes, tendent à s'homogénéiser, leur âme la plus authentique se dissout et de cette âme le flâneur est considéré comme le sauveur, le *prêtre du genius loci* (Benjamin 1999).

La contiguïté, sinon l'entrelacement, des trois composantes du voyage précédemment évoquées est très étroite. Au lieu de parler du flâneur, on devrait plutôt faire référence à la flânerie. Nous ne sommes sans doute pas complètement des flâneurs, mais nous pratiquons par moments l'art de la flânerie et cela vaut surtout pour certaines catégories de touristes post-modernes. Cela dit, je continue à croire que chez certains individus, la propension à l'art du vagabondage réflexif est plus développée que chez d'autres, pour lesquels prévaut une attitude plus massifiée de l'usage et de la consommation des lieux.

Les touristes et les flâneurs se repoussent et s'attirent. Ils ont besoin l'un de l'autre pour exister, mais dans un rapport quasi hiérarchique. Le flâneur fait la restitution narrative de ses observations et de ses cartes à la collectivité afin qu'elle les utilise comme guide pour renforcer les mythes liés au paysage urbain : les immeubles, les rues, les monuments les plus célèbres mais aussi les nouveaux *chemins* qui traversent les zones marginales de la ville. D'une certaine manière, on permet au flâneur « professionnel » de pratiquer son activité dans la mesure où il réussit à creuser plus profond que ne réussit à le faire le discours habituel sur la ville et à atteindre l'intérêt d'un public qui en sera peut-être un jour l'émule. Le touriste post-moderne prend de plus en plus pour modèle le voyageur-flâneur. La possibilité qu'ont beaucoup de personnes de disposer d'un temps et des connaissances nécessaires pour entamer des parcours existentiels et touristiques plus complets et formateurs laisse entrevoir une tendance grandissante à partager ce modèle. Il ne s'agit pas nécessairement d'individus socio-économiquement privilégiés, mais plutôt de sujets qui partagent le même intérêt de nature *post-matérialiste* pour une émancipation qui passe par un processus exploratoire plus conscient et moins lié à des pratiques d'homologation. Alors que derrière la créativité et la spontanéité du flâneur se faufile le spectre du profit et du succès, derrière l'image du touriste se cache la soif de la liberté et le désir de personnalisation du voyage.

La ville pour le touriste-flâneur

Les processus esquissés dans ces pages laissent en partie présager l'augmentation du nombre de touristes et de flâneurs dans les villes ou encore une convergence progressive des deux figures. Le changement des pratiques et des finalités de voyage introduit par ailleurs une série de questions et de défis pour la ville à venir. Dans quelle mesure les espaces urbains promus au rang de scénario de la *serendipity*, de la découverte inattendue, pourront-ils être, paradoxalement, intégrés en tant que tels aux projets d'urbanisme ? Dans quelle mesure la *serendicity*[6] pourra-t-elle trouver un compromis souhaitable entre l'improvisation et la tenue mêmes d'un modèle urbain fondé sur la reconnaissance et le partage de certaines règles, sur le respect de certaines frontières ? Comment l'expérience métropolitaine pourra-t-elle tirer avantage de la diversité, de la mosaïque urbaine, du désordre, de la fragmentation, sans compromettre la sécurité des visiteurs ? Et enfin, comment sera-t-il possible de retrouver la mémoire des lieux dans une perspective non seulement *muséifiante*, mais aussi capable de restituer aux visiteurs l'histoire, ancienne et récente, des marginalités locales, des conflits, des transformations et des contradictions qui ont marqué le paysage urbain dans ses parties les moins *appealing* ?

Le voyage comme détachement conscient d'une position de sécurité, comme élan vers l'inconnu, comme *fragment de l'enfer* (Maomet in Chatwin 1988), c'est-à-dire comme situation forte, parfois douloureuse, pas toujours conclusive, reflète bien certains aspects de l'expérience du flâneur traditionnel et même des nouveaux touristes-flâneurs mettant au premier plan le thème de la sécurité publique. Dans le désir de l'aventure et dans l'ivresse du danger se reproduit une sorte de *faux suicide*, de mort recherchée mais jamais atteinte. À la dernière minute, le flâneur en chute libre ouvre son parachute. Il essaie d'éprouver des émotions et en même temps de contrôler les événements, les imprévus, pour ne pas subir, pour ne pas être complètement à la merci des conditionnements du contexte ; si son travail a été fructueux, il en sortira grandi et disposera d'éléments importants à élaborer au travers de formes narratives et à donner à ceux qui ne peuvent pas s'offrir la même aventure. Sa position unique détachée de toute temporalité touristique préconstituée, fruit de l'immersion dans la vie quotidienne locale, devient alors un témoignage unique, transmissible. Cependant, après l'expérience ancrée sur une relation souvent éphémère, survient à nouveau la quête de la solitude, de la liberté comme étant les conditions d'où repartir pour de nouveaux voyages. Le flâneur est ainsi à nouveau l'homme *de la* foule qui regarde du haut plutôt que l'homme *dans* la foule qui se laisse transporter par elle (Tester 1994).

Le danger de se perdre à jamais existe sans aucun doute. Certains poètes à la recherche de l'extase ont trouvé la mort, tout en la défiant consciemment. De la mort de Pasolini on dit qu'elle fut le résultat d'une stratégie expressive : une mort épique, presque prophétisée par le poète lui-même (Giordana 1994). Aujourd'hui, sur le littoral d'Ostie où Pasolini

---

6 Le terme a été emprunté au Laboratorio Crafts (2007).

a été assassiné, se trouve une petite stèle qui rappelle le poète. Il s'agit du dernier indice laissé par le flâneur sur le territoire ; un signe qui aide à méditer également sur le sens des lieux anonymes, marginaux et vides qui parsèment la métropole et la vie de ses protagonistes déshérités, mais aussi sur la difficulté d'interférer avec ces réalités si l'on provient de l'extérieur.

Le contraste analysé jusqu'à présent entre touristes et flâneurs se traduit alors en un autre conflit beaucoup plus âpre entre *insider* et *outsider* qui domine le processus de globalisation et qui distingue, d'une part, une population riche en mouvement constant et, d'autre part, des groupes socialement et spatialement immobiles ou contraints à l'errance. Le tourisme organisé, en *muséifiant* la vie quotidienne des populations locales, en la mettant en scène pour satisfaire la pruderie des touristes-flâneurs, a souvent cherché à réguler cette relation, à codifier les moments d'interaction, d'ouverture et de fermeture de la relation.

L'offre touristique en général tend à reconnaître et à satisfaire les attentes des touristes qui se transforment en flâneurs. Une très curieuse initiative visant d'une certaine façon à commercialiser l'expérience de la flânerie a été menée à Berlin en 2001. L'agence Kliemt-Konzept a proposé le *Tour des pantoufles*, une visite guidée, pour 185 marks allemands par personne, minibus et casse-croûte compris, de cinq appartements habités par des gens ordinaires s'étant déclarés prêts à ouvrir la porte aux visiteurs en échange de 50 marks. Durée totale de l'excursion voyeuriste : 3 heures et demie. L'un des slogans de l'agence pour l'organisation d'événements était : « Si vous voulez vraiment apprendre à connaître la ville, vous devez la voir de l'intérieur ». Mais le désir d'explorer les villes en dehors des circuits touristiques plus établis ne s'épuisera guère dans des expériences comme celle que nous venons de mentionner. La flânerie, c'est l'improvisation, le hasard, la *serendipity*, la liberté d'action, parfois même la solitude, l'oisiveté, la prise de responsabilité et le risque ; et c'est peut-être la frontière de la nouvelle façon de voyager dans un monde où la massification des coutumes, même celles d'origine, est grandissante et où de nombreux individus, par réaction, se mettent à la recherche de sensations uniques.

Les sciences sociales et la littérature ont toujours entretenu une relation très intense (Nuvolati 2006). Dans un article récent, Wheen (2007 : 36) écrit à propos de Karl Marx : « Il se considérait comme un artiste créatif, un poète de la dialectique [...]. Pour comprendre les motivations et les intérêts matériels du peuple, il allait chercher chez les poètes et romanciers plutôt que chez les philosophes et les politologues. Dans une lettre datée de décembre 1868, il cite un passage d'une œuvre de Balzac, *Le Curé de village*, demandant à Engels s'il pouvait confirmer le tableau sur la base de ses connaissances en économie pratique. Balzac, monarchiste et conservateur, peut sembler un héros improbable, mais Marx a toujours soutenu que les grands écrivains ont une perception de la réalité qui transcende leurs préjugés ».

L'utilisation de matériel narratif, photographique ou filmique pour compléter l'analyse sociologique repose souvent sur une récupération posthume. À l'avenir, l'utilisation combinée d'instruments technologiques (GPS, enregistreurs, appareils numériques, ordinateurs portables) pour collecter en temps réel les trajectoires et les témoignages des flâneurs, en les utilisant pour intégrer les moyens d'analyse les plus traditionnels de la ville et des communautés urbaines (indicateurs sociaux et cartes thématiques associées, enquêtes, analyse qualitative), pourrait être particulièrement intéressante. Certaines des expériences en cours au Département de Sociologie et de Recherche Sociale de l'université de Milan Bicocca vont dans ce sens et témoignent de l'intérêt pour ces formes d'observation mixtes de la réalité. Cette perspective rappelle d'ailleurs la volonté des individus de conjuguer tourisme et flânerie, à travers une sorte de responsabilisation et de professionnalisme reconnus de leurs activités. C'est aussi une alternative aux pratiques de voyage plus banales et passives, l'occasion de participer à un projet plus vaste et de faire circuler des réflexions et des images.

Bibliographie

Amin Ash et Thrift Nigel, *Cities. Reimagining the Urban*, Cambridge, Polity Press, 2002.

Bauman Zigmund, *The Society of Uncertainty*, Bologne, il Mulino, 1999.

Benjamin Walter, *One-Way Street*, Londres, Verso, 1997.

— *A Berlin Chronicle*, New York, Schocken Books, 1978.

Chatwin Bruce, *Le vie dei canti*, Milan, Adelphi, 1988.

Crafts (Centro di ricerca applicata e di formazione sulle dinamiche territoriali e sociali), *Serendicity. Sociologia delle città, dell'ambiente e del territorio*, 2007, Dipartimento di Storia e progetto dell'architettura, del territorio e del paesaggio, Polis dell'Università degli studi di Genova, Genova, http://www.serendicity.arch.unige.it.

Featherstone Mike, « The Flâneur, the City and Virtual Public Life », in *Urban Studies*, n° 35, 1998, p. 909-925.

Giddens Anthony, *The Consequences of Modernity*, Cambridge, Polity Press, 1991.

Giordana Marco Tullio, *Pasolini. Un delitto italiano*, 1994.

Judd Dennis R., *Visitors and the Spatial Ecology of the City*, in *Cities and Visitors. Regulating People, Markets and City Space*, Hoffman Lily M., Fainstein Susan S. et Judd Dennis R. (dir.), Oxford, Blackwell, 2003, p. 23-38.

Leontidou Lila, « Urban social movements : from the "right to the city" to transnational spatialities and flâneur activists », in *City*, n° 10, 2006, p. 259-268.

Maffesoli Michel, *Del nomadismo. Per una sociologia dell'erranza*, Milan, Franco Angeli, 2000.

Morawski Stefan, « The Hopeless Game of Flânerie », in *The Flâneur*, Keith Tester (dir.), Londres, Routledge, 1994, p. 181-197.

Nuvolati Giampaolo, *Lo sguardo vagabondo. Il flâneur e la città da Baudelaire ai postmoderni*, Bologne, il Mulino, 2006.

Sennett Richard, *The Conscience of the Eye. The Design and Social Life of Cities*, New York, Alfred A. Knopf, 1990.

Tester Keith, « Introduction », in *The Flâneur*, Keith Tester (dir.), Londres, Routledge, 1994, p. 1-21.

Wheen Francis, « Il Capitale sconosciuto », in *il Sole 24 ore*, 25 febbraio 2007.

La carte et la marche : la représentation cartographique de l'environnement urbain dans *Mes deux mondes* de Sergio Chejfec

Davide Papotti
Università degli Studi di Parma

Traduction de Lucia Quaquarelli

L'écrivain argentin Sergio Chejfec (Buenos Aires, 1956) a publié en 2008 un court roman intitulé *Mis dos mundos*, traduit plus tard en anglais sous le titre *My Two Worlds* (Open Letter, 2011, traduction de Margaret B. Carson) et en français sous le titre *Mes deux mondes* (Passage du Nord-Ouest, 2011, traduction de Claude Murcia). Le roman raconte l'histoire d'un écrivain d'une cinquantaine d'années qui décide de se promener dans une ville brésilienne, où il se trouve pour son travail, invité à un colloque de littérature. La préparation de la promenade se fait sur une carte qui se présente comme une clé d'accès attractive et nécessaire à l'orientation dans un espace urbain inconnu. La réalité, cependant, n'est pas exactement le miroir de sa représentation, et toute la narration devient un reflet de la relation conflictuelle entre la conception de l'espace créée par la lecture de la carte et celle qui découle de la pratique concrète de la marche dans l'espace réel. Les réflexions proposées par Chejfec nous invitent à analyser la figuration du langage cartographique comme « monde parallèle », comme « contre-texte » qui stimule et met à l'épreuve la perception du paysage et l'expérience même du territoire par la pratique lente de la marche.

Dans les pages suivantes, nous aimerions proposer quelques réflexions, à partir du texte de Chejfec, sur la relation entre la réalité et la représentation cartographique telle que décrite par le biais de la narration. Notre approche consistera donc à entreprendre la traversée d'un texte narratif doté d'un « taux de contenu cartographique[1] » élevé, *Mes deux mondes* de Sergio

1 Sur la notion de « texte cartographique », voir les travaux de Harley (1989), Bruno (2006 : 203) et la section intitulée « Figures et graphiques du texte cartographique »

Chejfec, pour vérifier comment la cartographie elle-même, aujourd'hui, irrigue le discours sur la désorientation spatiale et le sentiment de dépaysement. La crise du sentiment d'« adhésion » aux lieux, en ce sens, trouve dans la perte du sens de l'autorité cartographique un corrélatif qu'il est intéressant d'étudier.

La carte comme anticipation de la réalité

La vision de la carte géographique se présente comme un « aperçu » de l'espace géographique réel. Grâce à l'efficacité communicative et visuelle de son langage, la carte est un prélude invitant à l'expérience concrète de la réalité territoriale. Ce « goût » préventif de la réalité géographique se fait de manière privilégiée à travers deux canaux de la communication cartographique, l'évocation toponymique et le pouvoir d'attraction lié à la forme et aux couleurs de la carte :

> et je marchais en cherchant un parc dont je ne savais quasiment rien, à l'exception de son nom moyennement musical, et pour cela même prometteur, selon moi, et pour le fait d'apparaître comme la surface verte la plus grande sur le plan de la ville. (Chejfec 2011 : 13)

La vision synthétique, la « vue aérienne », de la réalité territoriale que le document cartographique offre au lecteur permet d'identifier les zones d'intérêt potentiel[2]. Ce qui attire immédiatement l'attention du lecteur d'une carte, c'est la couche toponymique, les lettres qui composent, se superposant au substrat figuratif de la représentation territoriale, un message d'identification[3]. En milieu urbain, la toponymie atteint une densité considérable : le tissu de l'odonymie (l'ensemble des noms de rues) permet d'accéder à un niveau accru d'abstraction, puisque les répertoires choisis pour nommer certaines rues, dans une perspective de cohérence au sein de sous-unités urbaines comme les quartiers, puisent dans les inventaires les plus disparates. Dans la construction narrative de *Mes deux mondes*, suivant la stratégie d'indétermination toponymique choisie

---

dans Guglielmi, Iacoli (2012 : 29-108). Sur la relation entre la cartographie et la littérature, voir aussi Fiorentino, Paolucci (2018).

2 Toute l'Histoire de la cartographie peut aussi être lue comme une « conquête » progressive de la verticalité du regard, depuis la vision en perspective jusqu'à la vision zénithale (Lodovisi et Torresani 1996 : 67-98).

3 Angelo Turco voit dans l'acte de « dénomination » la première phase du processus de territorialisation (1988 : 79 *sq.*).

par l'auteur (qui n'explicite même pas le nom de la ville dans laquelle se déroule l'histoire), le lecteur n'est pas informé du nom du parc qui attire l'attention du protagoniste (à son tour laissé dans l'indétermination de l'anonymat).

L'autre aspect du langage cartographique qui attire immédiatement l'attention du protagoniste du roman est son chromatisme visuellement saisissant. Les couleurs des cartes représentent une couche d'information immédiatement accessible qui peut influencer les codes de lecture du document. Sur le tissu dense de la construction d'une ville, généralement représenté dans la cartographie par un fond gris (mais dans le cas particulier de la carte de *Mes deux mondes* rien n'est spécifié, nous pouvons seulement supposer que c'est le cas), se distinguent les taches vertes des parcs. Grâce à un processus de mise en relief de l'identité urbaine basé sur la dialectique oppositionnelle « construit/non-construit », le *skyline* cartographique de la ville apparaît grâce au contraste avec le vert urbain. Le choix est fait par opposition : pour connaître une ville, le protagoniste visite le lieu qui est par excellence une « parenthèse » de l'urbain, le parc public. Et dans le parc urbain, on cherche précisément la nature, qui s'oppose à l'essence urbaine : immergés dans la verdure on peut oublier la ville, ou simplement, par une opération de dépaysement mental et imaginaire, on peut la penser comme distante : « Là, sous l'ombre commune de plusieurs arbres géants, n'importe qui pouvait oublier la ville et avoir la sensation d'être en dehors d'elle, éloigné de plusieurs kilomètres » (*ibid.* : 47). Le protagoniste se déplace dans la ville à la recherche d'un « vide » à l'intérieur du plein des constructions, d'une raréfaction de la présence humaine : « les promeneurs, qui peuvent être sporadiques mais qui de mon point de vue doivent être irrévocablement distraits, ou absorbés, aussi un peu égarés, comme lorsqu'on marche dans un endroit à la fois étranger et familier » (*ibid.* : 13). La suspension existentielle des parcs urbains est liée à leur manière de se donner comme « nature » dans un monde conquis par l'urbanisation, sans pour autant être un exemple de nature sauvage ou intacte. Ils trouvent leur configuration dans le cadre d'une dimension de duplication semblable à celle incarnée dans la représentation cartographique de la réalité : « j'aime les parcs ou leur variante funèbre, les cimetières, je les aime bien plus que n'importe quel lieu de nature ouverte ou prétendument sauvage » (*ibid.* : 80). Dans une sorte de « paradoxe urbain », le protagoniste du roman de Chejfec est donc attiré, lorsqu'il visite une ville, par les inserts de « non-ville », par les fragments de nature, par les parcs : par ce qui apparaît sur la carte avec la couleur antithétique de l'*esprit urbain*, le vert. Et c'est à partir de cette attraction formée sur la carte que se déterminent les choix pratiques de l'itinéraire sur le terrain.

La vision synthétique offerte par le regard cartographique, soulignant la dimension d'ensemble, peut aller jusqu'à nourrir une sorte de sentiment de toute-puissance. La carte de la ville suggère l'idée que l'espace peut être contrôlé et dominé. La vision de l'information cartographique comme « aperçu » de la réalité prend tout son sens si les données qu'elle contient correspondent ensuite à la réalité elle-même. Dans cette perspective, la logique des axes cartésiens de l'aménagement du territoire, typique de l'urbanisme du modèle américain en « grille » (*grid*), se combine avec l'efficacité hiérarchique de l'orientation cartographique : « Quand on consulte le plan de n'importe quelle ville, tous les lieux semblent accessibles : il faut juste obéir à la carte » (*ibid.* : 15). Le maillage orthogonal du système urbain acquiert, à travers la représentation sur la carte, une couche informative supplémentaire : l'orientation selon les points cardinaux. La cartographie occidentale s'étant consolidée – depuis quelques siècles – sur l'identification du nord comme « haut » et du sud comme « bas », la visualisation sur une carte permet d'« orienter » la structure urbaine dans un système cosmologique.

La carte n'est pas le territoire... La cartographie comme instrument de désorientation

Le problème du rapport entre la cartographie et la réalité se pose lorsque les représentations et les attentes engendrées par la vision de la carte finissent par être affectées par la diversité de la réalité : « Mais l'après-midi dont je parle, et comme il arrive presque toujours, la réalité se révéla différente » (*ibid.*). Alors que l'emphase est sur « comme il arrive presque toujours », l'imprévisibilité irréductible de la réalité apparaît à travers les plis ordonnés de la carte. La réalité, dynamique, multiforme, colorée, complexe, ne peut jamais être parfaitement réduite à une représentation cartographique apollinienne. L'expression « la carte n'est pas le territoire », provient comme on le sait du domaine de la *general semantics* d'Alfred Korzybski (1933) et elle est devenue une expression emblématique de la différence entre la réalité et ses représentations cartographiques.

Le protagoniste de *Mes deux mondes* cherche, parmi les fissures de la géométrie globale et rassurante du dessin cartographique, les plis d'une exception, un « varco » (un passage, une brèche, au sens de Montale, une porte vers une « autre » dimension) pour aller au-delà de la nature apparemment monolithique du monde : « Malgré la simplicité du dessin, il arriva un moment où je me sentis égaré » (Chejfec 2011 : 14). La clarté illusoire du dessin cartographique se révèle, à l'épreuve des faits, une simple tromperie dont on peut profiter pour une exploration improvisée et libre des lieux. L'art de se perdre dans une ville semble représenter aujourd'hui, dans la société de la géolocalisation, de *Google maps*, des navigations par satellites, une perspective qui n'est pas dépourvue d'un certain pouvoir d'attraction. L'idée de se perdre, d'autant plus dans un environnement densément peuplé comme celui d'une ville, a le charme et la patine de l'antique, du démodé, de ce qui va à contre-courant, voire, d'une forme d'élitisme[4]. Dans cette perspective, le sentiment de « se sentir perdu », de perdre son orientation, devient un luxe, un privilège. La carte géographique, qui a posé les conditions mêmes de son existence, finit par être vidée de sa fonction traditionnelle : celle d'orienter, de donner un point de référence pour continuer dans une direction certaine, vérifiable et contrôlable. Elle joue plutôt le rôle d'une « porte » de communication qui permet d'ouvrir de nouvelles perspectives de connaissance spatiale. Le « jeu cartographique » consiste donc à maintenir un équilibre délicat entre, d'une part, le nécessaire besoin d'orientation, qualité importante dans un contexte d'altérité spatiale, de lieux inconnus et explorés pour la première fois et, d'autre part, le charme indéniable de l'exploration spatiale, celui de se perdre, de chercher dans le réel des traces interprétatives et directionnelles que la carte elle-même ne peut reproduire, peut-être simplement parce qu'elles sont liées à la dimension éphémère de l'existence et de ses événements.

Le « pacte cartographique »

Le fait de devoir utiliser une carte signifie *in primis* qu'on ne sait pas avec certitude où aller. En ce sens, ceux qui utilisent une carte se placent dans une condition existentielle d'incertitude, car ils livrent en toute confiance leur destin d'orientation aux informations contenues dans le document cartographique. Si ce postulat de confiance (les informations sur la carte sont vraies, donc je peux faire confiance à son contenu et à ses indications) s'effondre, le sentiment de désorientation s'impose. Le premier symptôme de la perte de contact avec les informations spatiales contenues sur la carte est la diminution progressive de la « mise au point », une interruption de la lisibilité même de la portée cartographique. La concentration excessive sur la lecture, conjuguée à l'excès de recherche d'informations véhiculées par le regard, rend littéralement impossible

4 Sur le thème du flâneur, voir Nuvolati (2006).

de « lire » une carte : l'insistance sur la vision cartographique n'apporte donc pas les résultats attendus : « Je pus observer que plus je regardais la carte et moins je la comprenais » (*ibid.* : 16). La confiance même dans les connaissances acquises à partir de la carte commence à se dissoudre, et le regard adressé à la carte acquiert des connotations de suspicion : « car si la carte s'était révélée inutile pour m'orienter vers le chemin le plus court, il était absurde de lui obéir pour prendre le plus long » (*ibid.*). Une fois que la confiance dans le support cartographique comme aide à l'interprétation de la réalité environnante a disparu, nous essayons de recourir à d'autres formes d'« intuition spatiale » : « avant d'obéir au parcours précis des rues ou à la continuité des noms, je devais obéir à la position relative des lieux » (*ibid.* : 18). Un savoir qui ne repose donc pas sur les deux pierres angulaires de la « raison cartographique » (Farinelli 2009) : le tracé d'une ligne droite sur la carte et l'équipement toponymique.

L'interprétation de la carte, comme les théories non représentationnelles l'ont souligné à plusieurs reprises ces dernières années, est un acte relationnel. Plus qu'une simple lecture, transmission d'un flux d'informations à sens unique provenant de la carte, elle se configure comme un dialogue, comme une action performative qui se déroule à partir de la carte elle-même (Rossetto 2014). Tout d'abord, la carte, en tant qu'imprimé, est un objet physique dont la présence matérielle est palpable, concrète, et parfois encombrante, inconfortable, compliquée (la difficulté paradigmatique liée au pliage, par exemple). À plusieurs reprises, lors de la narration de *Mes deux mondes*, la prose descriptive méticuleuse qui caractérise le style de Chejfec mentionne la carte comme un objet physiquement tangible, qui est extrait rituellement et périodiquement du sac à dos, pris en main, déroulé, replié et remis dans le sac à dos. (« Je rangeai la carte dans ma sacoche » [Chejfec 2011 : 57]). Comme toutes les actions performatives, donc, l'action de consulter une carte « a lieu » dans un contexte spatio-temporel précis, exposé à tous les conditionnements contextuels : les conditions de lumière, la météo, le confort des supports d'accès au texte cartographique. La position de ceux qui regardent une carte dans un espace public pour s'orienter est une position « sans défense », qui montre éthologiquement aux autres membres de l'espèce leur propre faiblesse (quoique temporaire) :

> sans compter que, ma vue étant déjà mauvaise et mal corrigée, mon attitude était probablement pitoyable, dans la mesure où je devais pour ainsi dire mettre le plan sur mon nez pour le voir par-dessus mes lunettes. De temps en temps je levais les yeux vers la rue dans l'espoir de trouver un point ou un

> panneau d'orientation, mais je comprenais aussitôt que l'effort était vain et je les rabaissais, perdant un temps précieux à me repérer de nouveau sur la carte. (*Ibid.* : 16)

La carte, en tant que simple objet, acquiert presque, précisément en vertu de son « silence communicationnel », une identité d'être vivant ; en la secouant et en la déplaçant, on essaie de saisir des informations supplémentaires qu'elle ne voulait pas communiquer auparavant. Comme si le « point de vue » à partir duquel la carte est observée en tant qu'objet était la véritable clé d'accès à son apport d'information : « mû par une impulsion injustifiée, je commençai à bouger la carte pour pouvoir la regarder selon un autre angle et même à la tourner comme si c'était un volant ; peut-être cela clarifierait-il les choses, pensai-je » (*ibid.* : 17). La carte est considérée comme un objet vivant dans le cadre de l'acte cartographique qui l'a créée, et qui peut potentiellement continuer à la rendre vivante et dynamique, comme si la carte elle-même était une sorte de marionnette actionnée par le haut par un regard cartographique supérieur en perpétuelle évolution : « L'observateur aérien qui était en train de m'observer tournait en rond, supposai-je aussitôt, c'est pourquoi la carte tourne de cette façon » (*ibid.*).

Le double plan de connaissance créé par la reproduction cartographique conduit à la duplication du problème de la recherche de sa propre position : ne pas savoir où l'on se trouve dans le monde réel conduit aussi, si l'on ne trouve pas de repères, à ne pas « se repérer sur la carte », comme le dit le protagoniste du récit de Chejfec.

L'un des éléments caractéristiques de l'action performative sur la carte est le recours à un regard collectif, à l'aide d'une autre personne (mieux vaudrait un *insider*[5], un habitant, ou un connaisseur des lieux), capable de fournir des codes de lectures plus précis pour intégrer (voire corriger) l'information cartographique, et ainsi réorienter l'itinéraire sur le terrain. La figure reconnaissable du touriste ou du visiteur, debout dans la rue avec la carte touristique dans ses mains et visiblement perdu, représente un topos de l'imaginaire social : c'est une personne qui a besoin d'aide. Si le flux indifférent des gens qui se promènent dans les rues d'une ville, perdus dans leurs pensées, ignore cette demande de soutien silencieuse mais visible, la condition du visiteur peut conduire à une véritable « solitude de l'utilisateur » de la carte. Les autres passants n'ont pas besoin de soutien cartographique, car ils sont apparemment confiants de leur progression dans une direction jamais remise en cause. Seul l'utilisateur

---

5 Sur le concept d'*insider* et d'*outsider*, voir la classification de Porteous (1985).

de cartographie se retrouve dans une impasse de connaissance, seul face à une carte qui, paradoxalement, a perdu son autorité informative : « J'étais toutefois le seul être indécis dans cette partie du monde, car le reste des gens allaient et venaient, sûrs de leur chemin, avec un naturel exemplaire » (*ibid.* : 16).

La solitude, par contre, est elle-même une force motrice première de l'acte de se perdre soi-même, alimentée par la même ambiguïté : on a peur de perdre l'orientation, mais dans un certain sens les conditions sont créées pour le faire, car on cherche une diminution de la présence humaine. La promenade qui conduit le protagoniste à se perdre est née d'une recherche de solitude. Le parc, « suspension » temporaire de l'identité urbaine au sein d'une ville, est l'objectif choisi comme destination précisément en raison de sa raréfaction anthropique : « Pour moi les parcs sont bons tout d'abord quand ils ne sont pas impeccables, et quand la solitude s'en est emparée de telle façon qu'elle est devenue un signe propre et une caractéristique partagée par les promeneurs » (*ibid.* : 13).

La recherche d'une identité suspendue (entre le sentiment de se perdre et de se retrouver, même sur la carte) trouve sa corrélation spatiale dans des lieux qui semblent privés de présence humaine, catalogués dans une dimension intermédiaire entre le « lieu » et le « non-lieu[6] » :

> Je ne sais pas s'il faut les appeler lieux d'abandon ; je veux dire quelque chose qui ressemble à des régions délaissées, où le milieu se trouve momentanément suspendu et où l'on peut se croire dans un parc de n'importe où, fût-ce des antipodes. L'endroit rebutant, indistinct, ou mieux encore, l'endroit où la personne, mue par on ne sait quel type de distractions, s'absente, se transforme en n'importe qui et finit par devenir elle-même imprécise. (*Ibid.* : 13-14)

Le choix de marcher dans ces contextes spatiaux conduit à une pratique risquée de la flânerie, dans des lieux inconnus, marginaux. Les récits de ces pratiques d'errance, menées à pied, dans une réalité extérieure aux centres-villes lustrés et envahis par les flux touristiques, représentent un courant intéressant de production narrative contemporaine, qui n'a pas manqué d'attirer le regard des géographes[7].

---

6 Pour une mise au point du concept de « non lieu », voir Augé (1992) ; pour une enquête sur les apparitions des non lieux en littérature, voir Calabrese et D'Aronco (2005).

7 *Cf.* les travaux de Mauro Varotto sur Vitaliano Trevisan (2014) et de Giada Peterle et Francesco Visentin sur Gianni Celati (2017).

L'imagination cartographique et la pratique de la marche : des parcours parallèles de connaissance

La pensée cartographique tend à prévaloir dans l'imaginaire : un élément du territoire est plus facilement concevable dans la vision synthétique zénithale de la cartographie qui permet une vision d'ensemble et, à travers la reproduction graphique du symbole, une reconnaissabilité immédiate, encore plus grande que celle fournie par le regard horizontal de l'homme : « je réussis à voir le parc, la grande masse verte à l'intérieur de la ville jaune, d'après la carte » (*ibid.* : 37). Même l'opposition entre la ville et le parc urbain est vue à travers un regard vertical, d'en haut, dont l'effet de dilatation de l'échelle d'investigation configure le parc urbain comme une métonymie, comme une partie pour le tout :

> Alors que j'arrivais, l'idée me vint que ce contraste entre le grand volume de vert et la ville qui s'enroulait autour était un corrélat, évidemment délibéré, de la condition physique du pays dans son ensemble, et même de sa supposée image, disons, satellite : la forêt amazonienne, sa vie d'émeraude, étendue et complexe, en contraste avec la présence matérielle du Brésil économique, ou urbain ou construit, je ne sais comment dire. (*Ibid.*)

L'utilisation d'une carte conduit à une sorte de « mode cartographique » de la pensée, dans lequel l'aliénation de soi-même prend la forme du regard zénithal, de la vision omnisciente d'en haut, dont nous avons parlé au début : « Je me mis à imaginer une vue aérienne de cette zone de la ville, ressemblant probablement à celle dessinée sur la carte, avec ma silhouette immobile entourée de gens et de voitures qui ne cessaient de passer » (*ibid.* : 17). Le sujet ne voit pas seulement le monde à travers le regard cartographique, il se pense et il se voit même sur la carte, comme partie intégrante d'un discours cartographique qui, comme dans certains dessins d'Escher, sort du support cartographique pour se diluer dans le monde réel, pour l'intégrer et en faire partie dans le même temps.

En tant que pont de connaissance suspendu entre l'expérience sensorielle individuelle du monde et la saveur conceptuelle et synthétique offerte par la cartographie, l'action de la marche se situe au centre de l'action exploratoire du monde :

> Une partie de la promenade est une forme d'archéologie superficielle, qui pour moi en général s'avère extrêmement instructive et dans un certain sens

> émouvante, car il s'agit de considérer des indices modestes, insignifiants, voire hasardeux, tout le contraire de la pertinence définitive des observations scientifiques. (*Ibid.* : 40)

L'oxymore efficace de l'« archéologie superficielle » exprime bien cette dimension : une fouille qui approfondit la « peau » du monde, qui explore le paysage à la suite d'une action perceptive, comme d'ailleurs l'a explicitement souligné la Convention européenne du paysage : « "Paysage" désigne une partie de territoire telle que perçue par les populations, dont le caractère résulte de l'action de facteurs naturels et/ou humains et de leurs interrelations[8] ».

Le caractère inévitablement dynamique, mobile, « progressif » de la marche est associé de manière cohérente à la dimension temporelle inhérente aux pratiques de la connaissance spatiale : « Ce sont des indices [considérés pendant la marche] qui par leur caractère anodin ou non indispensable rétablissent une façon d'occuper le temps » (Chejfec 2011 : 40). L'archétype du concept de paysage, qui trouve ses racines dans la tradition romantique européenne du « pittoresque » (Bodei 2008), est associé, dans cette perspective, à une dimension temporelle « arrêtée » :

> Je voulais m'adapter à la perspective ou en jouir, je ne sais pas, jouir d'une de ces situations *arrêtées*, associées aux paysages picturaux et apparemment définitives dans leur composition, ou du moins concluantes quant à l'idée d'harmonie, naturelle ou fabriquée peu importe, qu'elles cherchent à transmettre. (Chejfec 2011 : 41-42 ; je souligne)

Chez Chejfec, les réflexions sur l'espace qui prennent en considération la perception du temps sont nombreuses. Comme dans le parallèle entre la recherche de la solitude et la sélection des lieux analysés ci-dessus, la dimension temporelle se configure comme un élément privilégié pour le choix des itinéraires spatiaux : « cette zone semblait absente et isolée du temps humain, comme d'ailleurs presque tout le parc » (*ibid.* : 52).

Chejfec, à travers l'incarnation littéraire du protagoniste de *Mes deux mondes*, propose une sorte de flânerie incertaine, qui utilise la cartographie comme outil de planification, comme point de départ des actions de mobilité, et qui se concentre sur le concept de praticabilité, se configurant ainsi comme un défi à l'échelle territoriale de la métropole :

---

8 Le texte de la *Convention* est consultable en ligne, https://rm.coe.int/168008062a.

> Marcher sans rien fait d'autre. Non pas marcher sans but, comme les personnages modernes pouvaient s'en faire l'illusion, attentifs aux nouveautés du hasard et du territoire, mais avec des buts lointains, presque impossibles à atteindre ou inaccessibles, mettant les cartes à l'épreuve. Je riais lorsque quelqu'un me disait qu'une ville était trop grande. Et je riais aussi quand on me disait qu'une ville était trop petite. La mesure d'une ville c'est soi-même, seul le sait celui qui marche pour rien, en somme comme un chien curieux quand il s'est égaré et a perdu ses repères mais qu'il ne souffre encore ni de faim ni de solitude. Là est la différence floue entre les délaissés des villes et les promeneurs comme moi. On peut se pencher sur le monde des règles rares quoique définitives qui divisent les gens selon leur conduite et leur degré de flânerie. J'y ai souvent pensé… Que veux-je trouver ? Une ombre de vie vagabonde faite de rien, juste de peur et de profit immédiat ; ou quelque vieil idéal contemporain qui proposait la promenade comme thèse d'une nouvelle religion urbaine. C'est trop confus et je ne suis pas sûr… j'ai donc continué de marcher, par manque d'assurance et absence de volonté, comme si la promenade était l'ultime expérience que je pouvais offrir au paysage de ruines où j'évolue, sans forces pour le reconstruire ni pour le détruire. (*Ibid.* : 56)

Réflexions avant de prendre congé : lire (la carte)

La carte prend donc la forme d'un objet capable d'amorcer un dialogue avec la réalité, stimulant un chemin dialogique de reconnaissance entre la précision du dessin sur la carte et la complexité de la réalité et les règles d'utilisation concrète de l'espace. En ce sens, la cartographie n'apparaît pas sous la forme traditionnelle de somme des connaissances acquises, mais comme partie d'un processus progressif d'apprentissage qui voit dans le repérage sur le terrain un contrepoids nécessaire. Si la carte doit offrir une vue d'ensemble, l'information sur les formes, les couleurs, le positionnement relatif, la réalité sur le terrain ouvre la porte à des expériences cognitives liées à l'utilisation de l'espace, la perception sensorielle, la présence d'obstacles, la présence anthropique incontrôlable et inépuisable qui anime les territoires. Comme le disent Marta Boni et Valentina Re : « Élément paratextuel, zone frontalière, elle [la carte] ne doit pas être lue (uniquement) comme un outil utile pour l'orientation des utilisateurs, mais comme un tremplin pour l'immersion dans une expérience de construction du monde (typique de la culture médiatique contemporaine) » (2017 : 106). L'expérience du territoire semble donc prendre un cours sinueux, comme le courant d'une rivière qui oscille d'un côté à l'autre. L'exploration de l'espace se tourne d'abord vers les informations contenues dans le texte cartographique, puis vers la connaissance mise à disposition par les perceptions offertes par la réalité : « deux mondes », comme l'indique le titre du roman de Chejfec, qui entretiennent un dialogue fructueux dans la pratique d'une flânerie animée par la curiosité et accompagnée par la cartographie. Enfin, la duplication perceptive produite par la cartographie, qui offre une représentation de l'espace capable de prévaloir sur la perception réelle du lieu, représente, pour fermer le cercle de l'expérience du lecteur, un parallèle territorial de l'expérience de lecture. Les pratiques du lecteur de texte narratif et celles du lecteur de carte peuvent offrir des apparitions lumineuses de sens dans le décryptage toujours potentiellement ambigu de la réalité : « Car, parfois, le souvenir de ce qu'on a lu corrige l'expérience concrète, et ensuite la nouvelle expérience, plutôt que quelque chose de physique, est l'actualisation de la lecture… » (Chejfec 2011 : 52).

Bibliographie

Augé Marc, *Non-Lieux. Introduction à une anthropologie de la surmodernité*, Paris, Seuil, 1992.

Bodei Remo, *Paesaggi sublimi. Gli uomini davanti alla natura selvaggia*, Milano, Bompiani, 2008.

Boni Marta et Re Valentina, « Here Be Dragons : la mappa come soglia, racconto, creazione », in *Game of Thrones. Una mappa per immaginare mondi*, Martin Sara et Re Valentina (dir.), Milano, Mimesis, 2017, p. 105-124.

Bruno Giuliana, *Atlante delle emozioni. In viaggio tra arte, architettura e cinema*, Milano, Bruno Mondadori, 2006.

Calabrese Stefano et D'Aronco Maria Amalia, *I nonluoghi in letteratura. Globalizzazione e immaginario territoriale*, Roma, Carocci, 2005.

Farinelli Franco, *Crisi della ragion cartografica*, Torino, Einaudi, 2009.

Fiorentino Francesco et Gianluca Paolucci (dir.), *Letteratura e cartografia*, Milano, Mimesis, 2018.

Guglielmi Marina et Iacoli Giulio (dir.), *Piani sul mondo. Le mappe nell'immaginazione letteraria*, Macerata, Quodlibet, 2012.

Korzybski Alfred, *Science and Sanity. An Introduction to Non-Aristotelian*, Englewood, The International Non-Aristotelian Library, 1933.

Lodovisi Achille et Torresani Stefano, *Storia della cartografia*, Bologna, Pàtron, 1996.

Nuvolati Giampaolo, *Lo sguardo vagabondo. Il flâneur e la città da Baudelaire ai postmoderni*, Bologna, il Mulino, 2006.

Peterle Giada et Visentin Francesco, « Performing the literary map : "Towards the river mouth" following Gianni Celati », in *Cultural Geography in Practice*, n° 3, 2017, p. 473-485.

Porteous J. Douglas, « Literature and Humanist Geography », in *Area*, n° 2, 1985, p. 117-122.

Rossetto Tania, « Theorizing Maps with Literature », in *Progress in Human Geography*, n° 4, 2014, p. 513-530.

Turco Angelo, *Verso una teoria geografica della complessità*, Milano, Unicopli, 1988.

Varotto Mauro, « Geografie dell'abbandono nella periferia diffusa. I quindicimila passi di Vitaliano Trevisan », in *La geografia del racconto. Sguardi interdisciplinari sul paesaggio urbano nella narrativa italiana contemporanea*, Papotti Davide et Tomasi Franco (dir.), Bruxelles, Peter Lang, 2014, p. 109-125.

Géographies périphériques : récits mobiles aux marges des villes italiennes contemporaines

Giada Peterle
DiSSGeA, Università degli Studi di Padova

Traduction de Lucia Quaquarelli

Introduction : un parcours « aux marges » de la ville

> Dove il confine è netto, il margine è frastagliato. Dove il confine è chiuso, il margine è aperto. Dove il confine è invalicabile e segna un interno e un esterno, il margine è attraversabile ed è insieme dentro e fuori. Dove il confine è disegnato, riconoscibile e, spesso, rappresentato da un manufatto o da un elemento naturale, il margine è casuale, non distinguibile e privo di elementi che fisicamente lo sostanzino.
>
> Danilo Palazzo, 2006

Où sont les frontières de la ville ? Il s'agit d'une question trop complexe, qui exigerait que nous soyons capables de définir avec certitude, sans ambiguïté, ce qu'on entend par ville et, par là, ce qu'est la ville et où se trouve ce qui n'est pas ville. Il est sans doute plus facile de se poser la question suivante : quelles sont les marges, dentelées, mobiles, poreuses de la ville contemporaine ? Et à partir de quel point de vue est-il possible d'en embrasser, d'un seul regard, la fragmentation complexe, l'expansion incontrôlable, l'identité vivante et multiple ? Ici aussi, cependant, le risque est qu'en changeant d'échelle à la recherche d'une vue d'ensemble, se perde l'attention pour le fragment, le détail qui caractérise cette même vue d'ensemble, ce qui empêche en partie l'accès cognitif à l'espace observé. Il n'y a guère d'intérêt à dépeindre un espace où l'on ignore la spécificité des lieux. Nous pourrions alors nous demander : quel regard adopter pour ne pas risquer d'aplatir la carte de la ville, d'ôter la tridimensionnalité des espaces de la vie quotidienne et des existences qui les habitent, les traversent, les signifient ? La rencontre entre littérature et géographie, entre les perspectives narratives et les sensibilités et outils d'interprétation de l'espace, semble être un point de départ capable de faire le lien entre le besoin constant de définition et la tension métaphorique à l'imagination propre à la pensée urbaine, entre le besoin d'une vision globale et celui d'un regard profond, ancré et minutieux.

La présente contribution vise donc à suggérer l'un des nombreux sentiers possibles permettant de comprendre, en les croisant, certains aspects de quelques récits urbains italiens et certaines formes des villes contemporaines. D'un point de vue théorique et méthodologique, ce parcours s'appuie sur une approche « géolittéraire » naturellement et profondément interdisciplinaire, tout aussi redevable à la géographie urbaine, humaine et culturelle, qu'à la critique littéraire, mais aussi à la sociologie, l'anthropologie et toutes ces disciplines qui occupent de manière plus ou moins stable l'espace transdisciplinaire des *Urban Studies*. Le premier paragraphe, « De la réalité au texte, et retour : une perspective géocritique », sera ainsi consacré à la brève présentation de l'approche géolittéraire proposée ici.

Toutefois, il ne suffit pas de choisir les outils qui permettront d'emprunter ce sentier. Il faut plutôt comprendre le sens du travail et, sur la base des objectifs critiques préfigurés, tracer une trajectoire de pensée qui guide les pas de l'analyse. Nous avons donc choisi une pratique urbaine, la marche, et un type d'espace qui ne semble pas avoir beaucoup à faire avec la traversée à pied, les périphériques. L'objectif est double : d'une part, explorer les espaces urbains contemporains, textuels et réels, afin de comprendre à travers la réalité le texte qui la raconte, les choix stylistiques et narratifs des écrivains ; d'autre part, tenter de s'orienter dans l'espace réel grâce aux cartes cognitives proposées par les narrateurs italiens, en découvrant les dynamiques spatiales, les pratiques d'enracinement et de resignification des lieux, précisément par un mouvement qui va de la page au monde.

Ce chemin est donc, nécessairement, un cheminement « lent » qui, au lieu de regarder la ville d'en haut, tourne autour d'elle, à partir de ses marges, inversant les hiérarchies du regard tout comme celles de l'espace. Nous croyons que les villes du futur naissent des marges, que des marges se construisent les métamorphoses urbaines qui donneront forme aux scénographies à venir ; nous croyons que c'est précisément là qu'habite cette ville potentielle qui existe déjà en acte, qui est déjà là, même si elle n'est pas encore visible (ou vue). La marche n'est donc pas seulement l'objet de l'analyse proposée (observer les pratiques de traversée racontées dans les textes ou à la base de certains récits contemporains), mais une véritable perspective critique, celle qui veut faire de cette « lenteur » un outil d'investigation pour lire les territoires du réel et de l'espace textuel ; la marche est une modalité d'observation et, par là, le témoignage d'une attention retrouvée à l'égard du paysage traversé.

La deuxième partie de cet article, « Figures périphériques : le flâneur, le géographe et l'écrivain », entend présenter la marche comme une pratique liée à l'observation et, en même temps, proche de l'écriture et de l'analyse de l'espace. Le regard ici proposé sur la ville est donc celui du marcheur, du flâneur hypermoderne, du géographe et en même temps de l'écrivain, qui décide cependant de ne plus se déplacer dans le centre historico-géographique de la ville mais de marcher le long de ses frontières où on ne va qu'en voiture, de décider de demeurer là où on doit simplement, et le plus vite possible, passer. Si Baudelaire se déplaçait dans les passages de Paris, sûr qu'ils étaient les vitrines à travers lesquelles capturer la fantasmagorie de la nouvelle ville moderne, des marchandises et de la foule, sûr que c'était là le cœur battant de la ville, le flâneur contemporain sait que l'urbanisation actuelle a comme moteur une tension centrifuge vers l'expansion, la dispersion, la consommation du territoire environnant. Être au centre de la question urbaine contemporaine pour en saisir les dynamiques, c'est donc – comme semblent le suggérer tant d'écrivains – courir le long de sa frontière mobile, embrasser le mouvement de l'expansion de la ville à partir de ces murs hypermodernes et illusoires que sont les périphériques (Milan) ou les autoroutes urbaines (Rome). Un nouveau chronotope urbain, qui ironise sur le besoin de tracer et construire des frontières, avec l'illusion de pouvoir contrôler les berges de la ville, alors que son tissu continue à empiéter, à déborder.

La littérature italienne contemporaine a su répondre de diverses manières à cette exigence cognitive renouvelée : les écrivains se sont personnellement impliqués dans le récit des lieux, en tant qu'observateurs d'identités spécifiques et d'histoires ancrées dans les paysages. La collection « Contromano » de Laterza, présentée sur le site web de l'éditeur comme un ensemble « d'histoires et de guides curieux sur les villes, de reportages, de livres de voyage, d'histoires insolites de lieux, de choses et de gens », n'est qu'un des lieux où ces récits géolittéraires ont trouvé place (Papotti 2014b). Cependant, comme Giampaolo Nuvolati nous le dit dans *Lo sguardo vagabondo. Il flâneur e la città da Baudelaire ai postmoderni* (2006), il est important de souligner que le rôle de l'écrivain ne consiste pas seulement dans l'enregistrement narratif d'une identité du lieu déjà reconnue, ni même dans la production de guides curieux pour touristes littéraires. Le flâneur, lorsqu'il devient écrivain, « contribue sinon à la création du mythe, du moins à l'exaltation d'un *genius loci* qui peut être capturé ou forgé *ex novo* » (Nuvolati 2006 : 92) : même là où il décide de se déplacer dans les espaces marginaux, interstitiels, non encore « mythifiés », parfois même jamais racontés, il est donc capable de fonder de nouveaux récits qui dépassent les frontières du texte et s'insèrent dans l'expérience concrète de l'espace, dans les pratiques quotidiennes de signification de l'espace, dans les récits des habitants, dans les regards des passants. Parmi les nombreuses expériences menées au cours de la dernière décennie, nous avons décidé d'en choisir deux, *Tangenziali. Due viandanti ai bordi della città* de Gianni Biondillo et Michele Monina (2010) et *Sacro romano GRA* de Nicolò Bassetti et Sapo Matteucci (2013), respectivement consacrés à un récit *des* et *depuis* les marges des villes de Milan et Rome. La dernière partie de l'article, intitulée « Récits périphériques : métamorphoses et récits mobiles *aux marges/en marge* de la ville contemporaine », est donc consacrée à la lecture de ces deux études de cas et se veut une proposition pour tracer d'éventuelles et futures pistes d'interprétation.

De la réalité au texte, et retour : une perspective géocritique

Parmi les chercheurs des *Urban Studies* qui travaillent sur les villes à partir de perspectives disciplinaires très différentes – de la littérature à l'architecture, de la géographie à la sociologie, de l'urbanisme aux études anthropologiques et culturelles –, il existe une tendance, qui est aussi reconnaissance d'une fragilité commune : la conscience d'une « crise » qui traverse les disciplines et qui, en même temps, engage et met en cause leur capacité à interpréter la réalité. La crise de la postmodernité a en effet provoqué non seulement une remise en question du statut de la réalité, à travers sa relation avec le texte et sa fictionnalité déclarée, mais elle a aussi mis en crise les outils critiques utilisés jusqu'alors pour lire et comprendre cette même réalité. Cette crise, qui a également été – ou a surtout été – la crise de la lisibilité de l'espace urbain et de la ville elle-même (Maggioli 2010 : 5) s'est donc glissée au-delà des frontières disciplinaires, mettant différentes disciplines face à une aphasie critique partagée à l'égard des nouvelles formes de la ville. Comme nous le rappellent explicitement les manuels de géographie urbaine, « molte delle questioni più urgenti con cui sono chiamate a confrontarsi le società contemporanee sono questioni urbane, riguardano cioè la città e la vita che vi si svolge[1] » (Governa et

[1] « De nombreux problèmes, parmi les plus urgents auxquels sont confrontées les sociétés contemporaines, sont des problèmes urbains, c'est-à-dire qu'ils concernent la ville et la

Memoli 2015 : 11). Il n'est donc pas possible de s'abandonner à cette incapacité de décrire, laissant la ville s'éloigner de nous comme une image floue à l'horizon. L'existence d'une « question urbaine », toujours présente et jamais résolue, a donc été l'un des principaux moteurs qui ont stimulé un échange interdisciplinaire fructueux. Cet échange, à partir du « tournant spatial des méthodes et théories littéraires » (Sorrentino 2010), et du regain d'intérêt pour la narration dans les disciplines traditionnellement consacrées à l'analyse de l'espace, y compris la géographie, prend encore aujourd'hui la forme d'un débat particulièrement animé – à une époque qui est de toute évidence postérieure au postmodernisme, celle du retour à la réalité, celle de « l'hypermodernité » (Donnarumma 2014).

Encore aujourd'hui, héritage d'une époque où les frontières entre réalité et fiction, entre ville et texte, ont commencé à s'estomper, il reste la conscience de la valeur critique et herméneutique d'une approche interdisciplinaire qui a su se solidifier avec le temps du point de vue théorique et méthodologique et se faire sensible dans sa capacité analytique. En témoignent quelques heureuses expériences, non seulement internationales, comme celles de Bertrand Westphal, sur lesquelles nous reviendrons (Westphal 2007, 2011), mais aussi italiennes. S'interrogeant sur les « géographies de l'histoire » (Papotti et Tomasi 2014), très souvent avec une focalisation supplémentaire sur les relations d'échange entre « cartographie et littérature », entre carte et narration (Fiorentino et Paolucci 2017 ; Guglielmi et Iacoli 2012), géographes et critiques littéraires se sont confrontés sur un terrain commun, autour d'un intérêt partagé qui va des mots aux choses, du monde aux pages, dans un mouvement inépuisable d'aller et retour. Néanmoins, au-delà du postmodernisme, « studiare lo spazio in letteratura – nous rappelle Sorrentino – vuol dire anche riaffrontare e ripensare quel nodo fondamentale della critica che è il rapporto tra reale e finzione, tra referente e testo, sempre trattato, mai risolto del tutto[2] » (Sorrentino 2010 : 11). Deux expériences significatives en ce sens, d'un point de vue critique et théorique, prises ici comme emblèmes d'un débat qui s'est progressivement enrichi de multiples voix, sont les perspectives du géographe Marc Brosseau et du critique littéraire Bertrand Westphal. La « géocritique » westphalienne et la « littérature

---

vie qui s'y déroule. » Toutes les traductions des citations sont du traducteur du présent article.

2 « Étudier l'espace littéraire c'est aussi réévaluer et repenser ce nœud fondamental de la critique qu'est le rapport entre réalité et fiction, entre référence et texte, toujours traité, jamais complètement résolu. »

de la géographie » de Brosseau partagent quelques points fondamentaux qui méritent également d'être brièvement rappelés dans le cadre de cet article.

Le premier point concerne la nécessité de reconnaître une particularité intrinsèque au texte, un usage particulier de la langue : la langue de la littérature ne doit pas être rendue « transparente » face aux besoins descriptifs, objectifs et référentiels de nombreuses analyses de l'espace réalisées dans une perspective géographique (Brosseau 1995 : 89-90). Jusqu'à récemment, en géographie, « novels have been considered as geographical texts which can be combed for "relevant" spatial elements in order to evaluate how good a geographer the novelist is[3] » (Brosseau 1995 : 89). Brosseau ironise sur le fait que ceux des géographes qui ont eu la prévoyance de se tourner vers d'autres sources d'exploration spatiale ont ensuite cherché dans ces mêmes sources le *connu*, la description et la confirmation d'un regard géographique préétabli :

> It is intriguing that those who have promoted the use of « alternative » sources to destabilize the monopoly of « hard » facts, data banks, and so-called value-free perspectives, have, in the process, tried to extract traditional geographical « facts » from novels. (Brosseau 1995 : 90[4])

Pour résister à cette tendance, le géographe franco-canadien reconnaît la nécessité d'aborder le texte à travers les outils de la critique textuelle, pour pouvoir reconnaître précisément en raison de ses particularités formelles, stylistiques, lexicales, de nouvelles géographies de l'imaginaire et, aussi, de nouvelles formes d'interprétation des espaces réels. La relation entre le texte et l'espace est donc bilatérale. De même, dans la critique littéraire, selon Westphal, l'approche phénoménologique a permis « un bouleversement de la hiérarchie » qui voulait une relation de mimétisme, unilatérale, entre le texte et le monde qu'il représente (Westphal 2007 : 126-7). Si dans la mythologie classique « la description des lieux ne reproduit pas un référent : c'est le discours qui fonde l'espace » et si « c'est le paysage qui est le fruit de la création poétique [...] et non le contraire » (Westphal 2007 : 134), pour Brosseau et Westphal le mouvement plastique est double : c'est

---

3 « Les romans étaient considérés comme des textes géographiques que l'on pouvait passer au peigne fin pour trouver des éléments spatiaux « pertinents » afin d'évaluer la qualité du géographe romancier. »

4 « Il est intrigant de constater que ceux qui ont encouragé l'utilisation de sources "alternatives" pour déstabiliser le monopole des faits "durs", des banques de données et des perspectives dites sans valeur, ont, ce faisant, tenté d'extraire des "faits" géographiques traditionnels du roman. »

le texte qui forge l'espace et, en même temps, le monde, comme référent, rentre dans le texte pour se concrétiser dans l'espace-temps du récit.

Conscient d'avoir souligné les avantages, également d'un point de vue géographique, à prêter attention aux aspects formels du texte, Brosseau ajoute que « such a focus enables one to appreciate how the interpretation of the city is not (only) expressed transitively but also embedded in the materiality of the text itself[5] » (Brosseau 1994 : 349). Ceci nous amène au deuxième point commun des deux critiques, qui concerne la conscience que la ville est un espace privilégié pour explorer les relations entre les géographies réelles et textuelles. L'échange entre ville-texte et texte-sur-la-ville est constant, là où chaque ville se reconnaît comme combinaison de trajectoires tant imaginaires que matérielles. En effet, ce n'est pas un hasard si le géographe Brosseau se tourne vers l'expérience de la lecture du texte littéraire pour expérimenter la ville, ses rythmes et ses pratiques, en reconnaissant au roman un véritable rôle de « géographe », capable d'offrir des pratiques spatiales et des projections de géographies originales, de proposer de véritables promenades sur les trottoirs urbains par simple lecture de certaines pages (Brosseau 1995). De la même manière, Westphal reconnaît que Paris, l'une des nombreuses villes littéraires qu'il analyse, est à la fois une « ville que l'on *pense* et que l'on édifie au gré des lectures », mais aussi une « ville réelle », qui doit son aménagement moderne et sa configuration actuelle à Haussmann, et à certains autres constructeurs et urbanistes, ainsi qu'à la « pléthore de Parisiens de naissance ou d'adoption qui ont donné aux lieux leur configuration » (Westphal 2007 : 242). La ville est à la fois planification et narration, construction matérielle et imaginaire.

Comme nous le rappelle le géographe Davide Papotti, le débat que nous avons abordé à travers deux voix critiques internationales concerne également la géographie italienne, où

> la fonte letteraria appare come un utile repertorio di cammini, di esplorazioni, di attraversamenti della complessità e della varietà del territorio. Attraverso i viaggi virtuali proposti dal corpus narrativo ispirato e dedicato ai luoghi, la conoscenza geografica trova un supporto conoscitivo in grado di testimoniare la varietà degli elementi territoriali così come di suggerire segrete trame di affinità. (Papotti 2014a : 27[6])

---

5 « Une telle focalisation permet d'apprécier comment l'interprétation de la ville n'est pas (seulement) exprimée de manière transitive mais aussi intégrée dans la matérialité même du texte. »

6 « La source littéraire apparaît comme un répertoire utile de chemins, d'explorations, de traversées de la complexité et de la variété du territoire. À travers les voyages virtuels proposés par le corpus narratif inspiré par les lieux et consacré à eux, la connaissance

Ainsi, « les littéraires se sont prêtés au jeu ; ils ont dirigé leur regard vers la géographie et sa manière de poser la représentation des espaces humains » (Westphal 2007 : 58), tandis que la géographie s'est ouverte au texte et à ses spécificités, saisissant la valeur cognitive de la narration surtout quand il s'agit d'un « chemin » qui explore les lieux, qui enregistre la complexité et la variété des espaces.

L'intérêt pour l'espace ne concerne pas seulement la critique (littéraire), mais aussi de nombreux écrivains italiens contemporains qui, au fil du temps, se sont rapprochés de la réalité en partant très souvent de la dimension spatiale, comme point de départ matériel, solide, à travers lequel pouvoir ancrer leurs histoires au monde, à l'expérience concrète. « Ed effettivamente – comme le souligne Filippo La Porta – molti romanzi italiani di questi anni hanno saputo raccontare le complesse trasformazioni del nostro paese, in qualche caso sapendone intuire momenti di svolta anche traumatici[7] » (La Porta 2010 : 9). Le but de ce parcours est donc précisément d'aller voir, dans les plis de l'histoire, le long des parcours narratifs, certains de ces moments ou plutôt de ces lieux de changement, pour en recueillir les présages, suivre les métamorphoses des formes urbaines d'aujourd'hui et de demain.

Figures périphériques : le flâneur, le géographe et l'écrivain

L'expérience du groupe *Stalker*, dirigé par Francesco Careri à Rome et dans diverses villes européennes depuis le milieu des années 1990, est certainement un point de départ important pour commencer à réfléchir sur différentes relations : entre espace urbain et marginalité ; entre marche comme pratique quotidienne, acte purement physique et instrumental, et marche comme pratique esthétique, acte de resignification de l'espace ; entre observation géographique et narration littéraire, entre lecture et réécriture du paysage. Avant de se concentrer sur la marche, dans ses multiples significations, qui réunissent valeurs symboliques et pratiques quotidiennes, recherche (architecturale, urbaine, sociologique, géographique) et littérature, il est bon de s'attarder sur le concept de

---

géographique trouve un support cognitif capable de témoigner de la variété des éléments territoriaux et de suggérer des relations secrètes d'affinité. »

7 « Et en effet de nombreux romans italiens de ces dernières années ont su raconter les transformations complexes de notre pays, sachant dans certains cas même deviner des moments traumatiques. »

chemin (*percorso*), à partir de ce que Careri lui-même écrit dans son livre-manifeste *Walkscapes. Camminare come pratica estetica* (2006). Pour Careri le concept de *chemin* (*percorso*) a une triple nature, et donc un triple sens que l'on retrouvera aussi dans les expériences des géographes qui décident d'utiliser la marche comme perspective et outil de recherche, tant pour les écrivains qui choisissent d'en faire le point de vue de leurs narrations.

Tout d'abord, le *chemin* est un acte physique de traversée de l'espace : il se superpose ainsi à l'action même de la marche et implique donc le corps dans sa nature multisensorielle, l'individu d'un point de vue physique, corporel et mécanique, et ensuite seulement intellectuel. Le *chemin* est aussi une ligne tracée dans l'espace : c'est le geste architectural primordial, la première forme de construction du paysage, d'organisation du territoire. Le *chemin* est la trace laissée sur le sol quand on le traverse et devient, en même temps, un repère laissé pour s'orienter, pour construire une première cartographie d'un monde nomade. Le *chemin* est donc la ligne qui marque sur une carte (y compris mentale) l'itinéraire suivi. Enfin, le *chemin* est l'histoire même de l'espace traversé : c'est le premier souvenir oral puis écrit d'un acheminement, ainsi que la structure narrative utile pour organiser le discours. Le *chemin* est donc, ensemble, un corps dans l'espace, un dessin et une histoire de l'espace.

Toutefois, ce qui nous intéresse ici, ce n'est pas seulement la ligne tracée, ni l'acte physique, mais aussi la relation qui s'établit entre le marcheur et le paysage urbain environnant. La pratique de la marche établit, en effet, un rapport direct entre le paysage et le sujet qui le traverse, permettant l'émergence d'une série de « self-landscape relations » qui non seulement lient l'environnement à la subjectivité, plaçant l'individu dans le paysage, mais qui donnent lieu à un échange réciproque et constant entre « subjectivity, landscape and corporeality », permettant au sujet de faire partie du processus de formation du paysage (Wylie 2005 : 234[8]). En marchant, notre corps est façonné par les mouvements, les pratiques et les directions qu'il prend à partir du paysage environnant. En même temps, l'acte de marcher agit sur le paysage, aidant à en dessiner les contours, à en modifier les formes : « through walking, in short, landscapes are woven into life, and lives are woven into the landscape, in a process that is continuous and never-ending[9] » (Tilley, 1994 : 29-30, in Ingold 2004 : 333). Selon Tim Ingold, cependant, les routes asphaltées de nos villes

---

8 John Wylie parle de ces relations et de deux possibilités « of being-in and being-with a landscape » offertes par la pratique de la marche (Wylie 2005 : 235).

9 « Bref, à travers la marche, les paysages sont imbriqués dans la vie, et les vies sont imbriquées dans le paysage, dans un processus qui est continu et sans fin. »

semblent avoir considérablement réduit le pouvoir d'agir sur le paysage urbain, d'y laisser une trace :

> People, as they walk the streets, leave no trace of their movements, no record of their having passed by. It is as if they had never been. [...] It appears that people, in their daily lives, merely skim the surface of a world that has been previously mapped out and constructed for them to occupy, rather than contributing through their movements to its ongoing formation. To inhabit the modern city is to dwell in an environment that is already built. (Ingold 2004 : 329[10])

Les écrits qui naissent de la marche semblent vouloir hériter de certains aspects de la figure littéraire du flâneur – sur laquelle nous reviendrons – mais en même temps apparaissent comme une résistance à la transparence de nos trajectoires urbaines, la recherche de la possibilité de marquer le terrain, de laisser une trace : en parcourant sur gomme des routes asphaltées, conçues pour circuler le plus rapidement possible, nous avons perdu le contact non seulement avec le sol sous nos pieds, mais aussi avec le potentiel plastique et modelant de l'acte de marcher, avec la possibilité de construire de nouvelles architectures et d'établir de nouveaux sens simplement en traversant lentement les espaces environnants. Dans une dimension urbaine, même à l'époque contemporaine, « camminare [è allora inteso] come uno strumento estetico che è in grado di descrivere e modificare quegli spazi metropolitani che presentano spesso una natura che deve essere ancora compresa e *riempita di significati*, piuttosto che progettata e *riempita di cose*[11] » (Careri 2006 : 9). Le récit littéraire, né de l'expérience nomade de certains écrivains contemporains, semble être une trace narrative utile pour restituer la mémoire de ces voyages quotidiens, de ces nouvelles significations attribuées à l'espace.

La figure du flâneur constitue donc un pont utile pour franchir les frontières entre le texte et l'espace urbain réel, combinant l'expérience littéraire (celle de l'écrivain en tant que sujet qui transpose sa propre

10 « Les gens, en marchant dans les rues, ne laissent aucune trace de leurs mouvements, aucun signe de leur passage. C'est comme s'ils n'avaient jamais été là. [...] Il semble que les gens, dans leur vie quotidienne, ne font qu'effleurer la surface d'un monde qui a été préalablement cartographié et construit pour qu'ils l'occupent, plutôt que de contribuer par leurs mouvements à sa formation permanente. Habiter la ville moderne, c'est habiter dans un environnement déjà construit. »

11 « La marche [est alors conçue] comme un outil esthétique capable de décrire et de modifier ces espaces métropolitains qui présentent souvent une nature qui doit encore être comprise et *remplie de sens*, plutôt que conçue et *remplie de choses.* »

observation dans la composition narrative, mais aussi celle du texte) à l'expérience d'observation urbaine-géographique (propre à ceux qui considèrent la marche comme un point de vue privilégié pour analyser la ville). Le flâneur se trouve ainsi à la frontière entre « type » littéraire et réalité, se présentant dans l'histoire de la littérature moderne tantôt comme le protagoniste de l'histoire, tantôt comme l'identité de l'auteur lui-même, qui fait de son errance le centre de sa poétique. Du Paris de Charles Baudelaire au Berlin d'Alfred Döblin, de Franz Hessel à Walter Benjamin, la flânerie continue d'exercer une fascination inépuisable sur les auteurs contemporains et a retrouvé un nouvel élan depuis la seconde moitié du XXe siècle grâce à l'expérience de la psychogéographie et, en particulier, grâce à quelques figures significatives comme Guy Debord, Kevin Lynch ou encore Michel de Certeau, qui proposent la marche comme méthode pour explorer, comprendre et reconstruire la métropole (de Certeau 1990 ; Lynch 2006 ; Wood 2010). Si le flâneur en tant que figure littéraire est un type humain qui appartient à la modernité, c'est-à-dire à la fois caractérisé par l'expérience de la foule, concrétisée dans l'expérience des passages parisiens et des premières galeries commerciales des centres-villes des grandes métropoles européennes, son héritage a cependant continué à s'affirmer même lorsque Paris a été traversée par des boulevards, lorsque les espaces automobiles ont imposé leur mobilité rapide dans nos villes, effaçant presque complètement le plaisir quotidien de marcher librement dans les rues du centre (Latham 2009). Cet héritage a été salué par les explorations cartographiques des situationnistes qui, s'opposant ouvertement à la reconstruction de Paris dans les années 1950, après la fin de la Seconde Guerre mondiale, ont proposé la méthode psychogéographique comme « an alternative way of thinking about the city[12] » (Wood 2010 : 194). Dans la volonté de travailler de manière provocatrice à la construction d'un autre imaginaire spatial, libre, même si dépourvu de finalité concrète de replanification de la ville, l'acte physique de marcher assumait pour ces nomades urbains la valeur esthétique d'une véritable pratique artistique. En même temps, l'expérience de Kevin Lynch, nous dit Wood, était différente de cette approche du fait de son désir de s'inscrire, au contraire, dans la logique de la planification et de l'administration urbaine, en cherchant à travailler sur son expérience quotidienne pour proposer de nouvelles modalités de négocier, gouverner et planifier la ville (Wood 2010 : 194-5).

Encore aujourd'hui, l'héritage du flâneur, selon la perspective du géographe urbain Alan Latham, réside avant tout dans la transmission

---

[12] « [...] une manière alternative de penser la ville ».

d'un « regard » particulier sur la ville et d'une attention particulière à la dimension de l'« everyday life », comprise comme un ensemble non seulement d'espaces (rues, places, trottoirs), mais aussi de pratiques, rythmes, relations qui fondent les dynamiques du vécu urbain.

> What is significant about the gaze of the flâneur is that it has become a taken for-granted, natural, way of looking and relating to much of the contemporary world. All sorts of ways of looking and interacting with people and things are defined through the kind of emphatically distanced, mobile gaze like that of the flâneur. (Latham 2009 : 192[13])

La capacité particulière du flâneur à interagir avec les espaces urbains de l'ordinaire a été adoptée au fil du temps comme une « everyday practice » qui devient une méthode d'analyse du territoire, ainsi qu'un dispositif narratif. Le géographe lui-même devient un flâneur, adoptant son regard mobile, la capacité de restituer l'objet de l'observation par une écriture soignée. On peut encore reconnaître aujourd'hui, dans la marche lente du flâneur, une dimension éthique qui va de pair avec l'esthétique. Le choix de la lenteur, le refus de la voiture et le désir d'embrasser les lieux marginaux, les interstices, comme nous le verrons, est typique de nombreux écrivains et voyageurs contemporains et renvoie au rôle toujours joué par le flâneur de personnages clés pour réfléchir de manière critique aux dynamiques aux espaces « of a consumption-dominated, capitalist, urban society in the nineteenth and early twentieth century[14] » (Latham 2009 : 192). L'idée est que « la sua analisi della realtà anche in chiave estetica possa rappresentare un primo momento di riflessione critica sulla realtà sociale, foriera di successivo impegno e partecipazione[15] » (Nuvolati 2013 : 10).

Les géographes eux-mêmes, comme nous l'avons déjà dit, reconnaissent « the travel narrative as a potential form of geographical epistemology[16] » (Wylie 2005 : 237), reliant la pratique de la marche, comme méthode d'analyse spatiale, à celle de l'écriture, comme forme de restitution de

---

13 « Ce qui est significatif dans le regard du *flâneur*, c'est qu'il est devenu une manière naturelle de regarder, prise pour acquis par une grande partie du monde contemporain. De nombreuses de façons de regarder et d'interagir avec les gens et les choses sont définies par un genre de regard distancié, mobile et emphatique qui rassemble à celui du *flâneur*. »

14 « [...] d'une société urbaine capitaliste, urbaine, dominée par la consommation, au XIXe et au début du XXe siècle. »

15 « [...] son analyse de la réalité, également d'un point de vue esthétique, peut représenter un premier moment de réflexion critique sur la réalité sociale, source d'engagement et de participation ultérieure. »

16 « Le récit de voyage comme forme potentielle d'épistémologie géographique. »

l'expérience du voyage. Le voyage est donc un récit, et le *chemin* est aussi une ligne narrative, tout comme le voyageur est aussi un narrateur. Cependant, comme le dit le géographe John Wylie, il n'y a pas de domination du regard sur l'objet observé, du sujet humain sur le paysage d'abord traversé et ensuite raconté. Il y a plutôt un échange qui fait que « the narrator is an outcome, not a presupposition, of the walk[17] » (Wylie 2005 : 245) : le narrateur émerge, dans l'acte même de marcher, comme un corps qui fait partie du paysage et comme un sujet qui se reconnaît et se redéfinit dans le processus narratif.

Lorsque David Pinder réfléchit au regain d'intérêt dans les sciences sociales pour la pratique de la marche (Pinder 2011), tout en se demandant comment cette redécouverte de la marche est liée aux tentatives de lire, comprendre et cartographier la géographie de la ville contemporaine (Pinder 2008 : 8), il reconnaît ainsi immédiatement quelques-unes des principales raisons de ce retour : la pratique de la marche permet une immersion multisensorielle et une compréhension de la ville à la fois tactile, visuelle, olfactive ; elle a un pouvoir poétique, mais aussi poïétique dans l'espace urbain. Il ne s'agit pas, en effet, d'un simple instrument d'enregistrement de la réalité, mais plutôt d'une activité « that enunciates and gives shape to urban spaces ; one that is not localized but that "spatializes"[18] » (Pinder 2008 : 5) ; d'une activité capable de déterminer les formes des espaces qu'elle traverse. Le nouveau paradigme de la mobilité, qui a émergé au cours de la dernière décennie en géographie et dans toutes les sciences sociales, soutient également que la mobilité « can be conceived of "as an entanglement of movement, representation, and practice"[19] » (Cresswell 2010 : 17, in Middleton 2010 : 576), suggérant que la marche devrait aussi être interprétée comme une pratique et une représentation, toutes deux mobiles.

Le texte aussi peut suggérer un retour à la dimension pratique, devenant une cartographie mobile et une invitation à la marche : ce n'est pas seulement l'expérience de la marche qui stimule l'écriture, comme conséquence directe, presque naturelle ; c'est aussi la dimension narrative du récit littéraire qui peut, à son tour, devenir une stimulation pour la recherche géographique, la redécouverte du paysage et une réinterprétation de leur stratification (Anderson 2014). La marche doit être conçue comme

---

17 « [...] le narrateur est un résultat, et non un présupposé, de la marche. »

18 « [...] qui énonce et donne forme aux espaces urbains ; une activité qui n'est pas localisée mais qui "spatialise". »

19 « [...] peut être conçue comme un enchevêtrement de mouvements, de représentations et de pratiques. »

un outil épistémologique dans sa dimension narrative ; comme une pratique d'immersion multisensorielle qui permet un contact direct avec la dimension et situation spatiale ; comme une expérience de la gratuité éphémère et insouciante ; mais aussi comme un refus d'une consommation accélérée des paysages ; comme un outil de construction d'une « géographie personnelle » ; comme instrument de « lecture » du paysage qui articule perception et interprétation (Papotti 2009 : 31).

Avec Papotti, alors,

> procediamo baldanzosamente nelle nostre riflessioni sul rapporto fra pratica del camminare e sapere geografico, convinti che la geografia si faccia percorrendo i luoghi, perlustrandoli di persona, immergendosi senza riserve nel cammino, abbracciando cioè la concreta fisicità del mondo. (Papotti 2009 : 23[20])

Récits périphériques : métamorphoses et récits mobiles *aux marges/en marge* de la ville contemporaine

Bien que lié depuis sa naissance à la taille de la métropole moderniste, le flâneur a su se relocaliser à l'ère postmoderne, en arpentant dans ses pérégrinations des « espaces nouveaux, modifiés et anomiques », traversant des territoires divers, se faufilant dans les mailles des agglomérations métropolitaines, traçant des redéfinitions ouvertes du concept de périphérie par rapport aux centres, soumis eux-aussi à un profond processus de redéfinition (Iacoli 2009 : 61). Il a été dit que le flâneur, en tant qu'identité mobile et nomade, se place de préférence dans des situations de transit, dans des tunnels et des routes, dans des gares et des lieux de passage (Nuvolati 2006 : 85). Il est temps maintenant de se demander quels sont les espaces à partir desquels nous pouvons commencer à tracer l'esquisse d'un nouveau chemin d'interprétation de l'espace urbain contemporain ? Où se passent les histoires des écrivains qui ont choisi de faire de la marche leur propre moteur narratif ?

Les auteurs et les critiques se sont interrogés sur la possibilité de « décentraliser » le regard, à partir de l'observation de ce que l'on a récemment défini comme des « literary second cities », dans un ouvrage homonyme de Jason Finch, Lieven Ameel et Markku Salmela (2017).

---

20 « [...] poursuivons avec une détermination joyeuse nos réflexions sur le rapport entre la pratique de la marche et le savoir géographique, convaincus que la géographie se fait en traversant les lieux, en les explorant en personne, en s'immergeant dans le chemin sans réserve, c'est-à-dire en embrassant la réalité concrète du monde. »

Les « villes secondaires » sont parfois des centres urbains mineurs, dont le récit littéraire a été occulté au fil du temps par la proximité d'une ville de plus grandes dimensions (littéraires et/ou géographiques) et d'importance internationale ; parfois, elles sont des perspectives internes à une seule ville, des quartiers secondaires, des lieux périphériques de la carte urbaine ; d'autres fois encore, elles sont les réseaux des petites villes, « diffuses », représentatives du temps de l'« urban sprawl » et de la dispersion urbaine (Peterle 2017). Alors que la directrice de l'expansion urbaine semble se déplacer le long de ce que le géographe Denis Cosgrove appelle les « landscapes of movement » (Cosgrove 2006), l'attention croissante des écrivains italiens pour les espaces de mobilité, comme les périphériques, les carrefours, les autoroutes, les voies ferrées, ainsi pour que les pratiques qui s'y développent, semble indiquer que le processus de re-signification de la ville commence précisément dans ces espaces marginaux, considérés comme des corridors de passage ou de jonction (Peterle 2017 : 226). Si donc « la città nomade non è la scia di un passato lasciato come traccia sul terreno, ma il presente che occupa di volta in volta quei segmenti di territorio su cui avviene lo spostamento[21] » (Careri 2006 : 18), l'écriture mobile et le point de vue nomade des écrits de Gianni Biondillo et Michele Monina, Nicolò Bassetti et Sapo Matteucci, par exemple, semblent constituer la perspective idéale pour pouvoir saisir le dynamisme, le métamorphose et la nature. Il ne s'agit donc pas d'un récit linéaire, mais d'un parcours fait d'allers et de retours, qui tourne autour de la ville à partir de l'identification des « chronotopes » (Bakhtin 1981) essentiels à la structuration du parcours, que ce soit l'acte physique de la marche ou le sens de la ligne narrative : le périphérique, le grand axe routier qui ceinture les métropoles actuelles et dont on peut avoir l'illusion qu'il peut encore dessiner les murs de la ville et définir par là ce qui est « le centre » et ce qui, au contraire, reste à l'extérieur de ses frontières.

Déjà à partir de l'expérience psychogéographique proposée par Iain Sinclair le long du « London Orbital », le grand boulevard périphérique, l'anneau automobile est devenu un point d'observation privilégié de la « everyday life » dans la métropole londonienne, comme dans de nombreuses autres métropoles dans le monde. Des centaines de milliers de personnes s'y déplacent chaque jour, les limites apparentes de la métropole y sont tracées, la route y serpente et l'histoire s'y déroule. Parcouru à pied, pénétrant dans les géographies celées, anonymes, dégradées et souvent

---

21 « La ville nomade n'est pas le sillage d'un passé laissé comme une trace sur le terrain, mais le présent qui occupe de temps en temps les segments de territoire sur lesquels le mouvement s'accomplit. »

dégradantes de la M25, le *London Orbital* – traduit ensuite en film avec Chris Petit – serpente le long d'un couloir automobile de 188 kilomètres, l'un des plus longs périphériques du monde, le second en Europe. Pour Sinclair, la marche est ouvertement, avec l'écriture qui s'ensuit, « an extension of the mapping process » (Cooper et Les Roberts 2012 : 94), mais aussi une façon d'essayer de réfléchir autour des marges, tel un « slippery concept » qui se dissout au moment précis où l'on tente de le définir ou de le placer (Cooper et Les Roberts 2012 : 92) :

> What I've done from the start, I think, has been to try, linguistically, to create maps : my purpose, my point, has always been to create a map of somewhere by which I would know not only myself but a landscape and a place. (Iain Sinclair in Cooper e Les Roberts 2012 : 85[22])

Des cartes glanées, assemblées, vécues, racontées, rappelées à la mémoire, découpées et redessinées, des « cartes plurielles » qui existent ici et maintenant, mais aussi ailleurs, dans le temps et dans l'espace (Cooper et Les Roberts 2012 : 85). Le chemin pédestre de Biondillo et Monina sur les routes périphériques de Milan, pour découvrir « comment le paysage change » (Biondillo et Monina 2010 : 28), né ainsi, du désir de reproduire cette expérience londonienne, et né d'une provocation – « vediamo se questa città lo sa di essere molto più grande di quella che è nei suoi stretti *confini* comunali[23] » – et aussi d'un défi aux véhicules motorisés et aux modalités de traversée rapide du paysage – « *sfidiamo il flusso automobilistico*, sfidiamo persino il buon senso[24] ».

L'exploration par Bassetti et Matteucci du Grande Raccordo Anulare de Rome semble aussi provenir du même désir d'explorer les marges, d'en saisir la mobilité intrinsèque. Ce n'est pas un hasard si la première option, finalement écartée, du titre était précisément *Ovidio sul Raccordo per raccontare le metamorfosi perenni che non permettono alcuna definizione certa*[25] (Bassetti et Matteucci 2013 : 10). L'héritage de Sinclair résonne dans les mots des deux flâneurs romains, construisant un pont entre la

22 « Ce que j'ai fait depuis le début, je pense, c'est d'essayer, sur le plan linguistique, de créer des cartes : mon but, mon point de vue, a toujours été de créer une carte d'un endroit qui me permettrait de connaître non seulement moi-même, mais un paysage et un lieu. »

23 « Voyons si cette ville sait qu'elle est beaucoup plus grande que ce qu'elle est dans ses étroites *frontières* municipales. »

24 « [...] *défions le flux des voitures*, défions même le bon sens. »

25 « Ovidio sur le Raccordo pour raconter les métamorphoses pérennes qui ne permettent pas une définition certaine. »

spatialité en constante évolution de la métropole anglaise et celle de la capitale italienne : « tutto cambia velocemente nei territori del Raccordo » et « anche la stessa nozione di margine diventa un confine sempre più ideale, alla luce di costanti mutazioni e confluenze[26] » (Bassetti et Matteucci 2013 : 10).

C'est comme si la mobilité rapide à laquelle le GRA était destiné depuis sa conception, vers la fin de la Seconde Guerre mondiale, s'était étendue hors de sa bande d'asphalte, au-delà de la glissière de sécurité, courant le long des sorties, serpentant entre les carrefours, pour devenir un trait caractéristique du territoire environnant : « Spina dorsale di un territorio in perenne fermento, un vulcano attivo che produce la sua lava, fatta d'identità perdute e riconquistate, territori strappati, luoghi in attesa, domande inevase e qualche mistero[27] » (Bassetti et Matteucci 2013 : 15). Pour Bassetti et Matteucci, le paysage autour du GRA est un paysage « sacré » au sens de « séparé » du reste du monde. Un territoire qui doit être immédiatement déchiffré comme une grande œuvre et comme un mystère surnaturel, « un luogo perennemente provvisorio. Sempre abbordabile, mai interamente posseduto[28] » (Bassetti et Matteucci 2013 : 15) :

> Né città, né campagna, il Raccordo assomiglia di più a un fiume che a un confine, anche se i fiumi hanno spesso diviso i territori. Oltre le sue sponde, si moltiplicano i segni di antiche e quotidiane esondazioni. I suoi abitanti, quelli che ci vivono accanto, non sono « né romani, né burini ». Sono gente del GRA. Condannati al movimento, o fermi, in bilico fra l'Agro, le città impossibili dei nuovi comprensori e le borgate spontanee. (Bassetti e Matteucci 2013 : 15[29])

26 « Tout change rapidement dans les territoires du Raccordo ; même la notion de marge devient une frontière toujours plus idéale, suivant le cours des mutations et des confluences constantes. »

27 « L'épine dorsale d'un territoire en constante effervescence, un volcan actif qui produit sa lave, faite d'identités perdues et retrouvées, de territoires déchirés, de lieux d'attente, de questions sans réponse et de mystère. »

28 « [...] un lieu perpétuellement temporaire. Toujours abordable, jamais entièrement possédée. »

29 « Ni ville ni campagne, le Raccordo ne ressemble pas plus à une rivière qu'à une frontière, bien que les rivières aient souvent divisé des territoires. Au-delà de ses rives, les signes d'inondations anciennes et quotidiennes se multiplient. Ses habitants, ceux qui vivent à côté, ne sont "ni romains ni *burini*". Ce sont des gens du GRA. Condamnés au mouvement, ou encore, en équilibre entre l'Agro, les villes impossibles des nouvelles cités et des quartiers spontanés. »

Aussi sacré qu'une rivière, le GRA est un ruban d'argent qui coule à la périphérie de la ville ; comme une rivière, il inonde le territoire environnant, et la vie de ses habitants.

De même que le flâneur s'est avéré être une figure de pont pour combiner la recherche géographique, la pratique narrative et le texte, de même le concept bakthinien de chronotope est aussi un instrument pour relier la structure de l'histoire à celle du territoire urbain, la dimension textuelle et la dimension spatiale. Le chronotope du périphérique, donc, considéré comme lieu où la mobilité propre à l'expérience urbaine de notre temps se concrétise dans l'espace, et aussi comme lieu narratif autour duquel s'organise la parole, et donc aussi le temps de l'histoire. En effet, en tant que chronotope, le périphérique détermine les modalités d'écriture liées à l'expérience d'un auteur-flâneur tout comme les pratiques de traversée quotidienne (automobile) et celles de résistance (marche). Enfin, elle influence les formes de l'espace, construisant les décors d'un paysage en constante évolution, et aussi les formes avec lesquelles les habitants occupent ces lieux, étant « condamnés au mouvement » ou se trouvant « en équilibre » sur les marges, suspendus entre urbain et non urbain. Comme une rivière, le périphérique est un « chronotope liquide » qui invite à la mobilité, à la transhumance, à la narration (Peterle et Visentin 2017).

Comme l'observe Letizia Modena, la pérégrination romaine des deux écrivains-*viandanti* se concentre sur la ville périphérique qu'on trouve loin du centre, qui s'ouvre à l'horizon comme la « ville du GRA », développée comme « costellazione spontanea, e quindi disarmonica e non pianificata di insediamenti legali ed abusivi, residenziali e commerciali, dall'edilizia privata ai capannoni fino ai palazzi per uffici[30] » (Modena 2016 : 198-9). Cette ville involontaire est la même qui s'ouvre aux yeux de Biondillo et Monina aux portes de Milan : c'est une ville du futur, dans laquelle coexistent les traces de l'ancien et du moderne. C'est un territoire du possible, qui doit être raconté pour exister (Modena 2016). Même si, dans trente ans, comme l'ont pourtant suggéré Bassetti et Matteucci, cette autoroute urbaine ne deviendra pas « un boulevard » et l'Agro un parc semblable à celui de Villa Borghese (Bassetti et Matteucci 2013 : 16), il est possible que le récit littéraire fasse partie du processus de construction identitaire de la ville du GRA tout comme de la ville de Milan, ou du moins qu'il participe du parcours de découverte du « rôle » important de ces marges dans la dimension métropolitaine (Palazzo 2006 : 23-4).

---

30 « [...] constellation spontanée, et donc implantation légale et illégale, résidentielle et commerciale, disharmonieuse et non planifiée, de bâtiments privés, d'immeubles de bureaux, d'entrepôts. »

Dessinant un « atlas éclectique » des villes de Rome et Milan, *Tangenziali* et *Sacro Romano GRA* sont construits autour d'une méthode commune, qui vise à interpréter le tissu urbain comme texte et palimpseste (Maioli 2009 : 133) à travers une flânerie programmée, qui connaît son point d'arrivée mais pas le chemin pour y accéder, qui retourne sur ses pas avec lenteur, patience et attention. « Camminando e cercando, ogni giorno, l'anima nascosta della città[31] » (Biondillo et Monina 2010 : 27), les auteurs composent une carte hybride qui offre au lecteur un produit qui n'est « pas un guide, pas un essai, pas un reportage » (Bassetti et Matteucci 2013 : 9), mais qui est en même temps les trois à la fois, car il traverse les marges des genres littéraires à la recherche d'une forme narrative qui relie le réel et le symbolique, le texte littéraire et l'observation géographique, le regard de l'auteur et celui de l'urbaniste. Les routes déjà parcourues des centaines de fois prennent un nouveau sens suivant le regard lent du promeneur, et le paysage trouve sa propre tridimensionnalité, et n'est plus aplati par la perspective « automobile ».

Dans le respect du rapport d'échange avec le texte littéraire, il reste la possibilité de suspendre la recherche du détail documentaire, des données, de refuser la confrontation aveugle entre l'image du réel et le mot de l'histoire. C'est là l'ironie qui guide les paroles de Michele Monina lorsqu'il raconte la phase préparatoire du chemin qui a conduit à la planification de la marche,

> Come se al lettore interessasse davvero sapere se uno che racconta che si è fatto a piedi tutto il periplo di Milano, al solo scopo di raccontare la città vista dai suoi margini, da quell'anello in stile barriera corallina che ne delimita il confine almeno simbolico, lo ha poi fatto sul serio, o si è limitato a raccontarlo, facendo del suo essere scrittore qualcosa di più di una parola da mettere di fianco a un'altra nelle brevi note biografiche che ogni tanto finiscono sulle riviste quando appari tra *i contributors.* (Biondillo et Monina 2010 : 11-12[32])

Souligner le contraste entre le regard de l'écrivain qui se livre à la fiction, en se cachant dans les coulisses du texte (Michele Monina), et celui de l'écrivain qui est un peu architecte, intéressé par la fidélité à un regard « d'après modèle »

---

31 « [...] marchant et cherchant chaque jour l'âme cachée de la ville. »

32 « Comme si le lecteur voulait vraiment savoir si celui qui nous raconte qu'il a marché tout autour de Milan, dans le seul but de raconter l'histoire de la ville vue de ses marges, depuis cet anneau façon barrière de corail qui marque la frontière au moins symbolique, l'a fait pour de vrai, ou s'il s'est juste limité à nous le raconter, faisant de son statut d'auteur quelque chose de plus qu'un mot à mettre à côté d'autres dans les courtes notes biographiques qui se retrouvent parfois dans les magazines dans la présentation des collaborateurs. »

et par une véritable traversée des espaces (Gianni Biondillo), pourrait être simplement un escamotage narratif utile pour donner aux deux flâneurs la profondeur des personnages littéraires, jouer avec leur qualification, en faire deux figures emblématiques plutôt que des sujets réels.

Cependant, le fait de signaler l'apparent « désaccord » ou distance entre les perspectives des deux marcheurs permet aussi d'expliquer le caractère ambigu et oxymorique du flâneur : c'est une manière d'opposer l'attachement objectif à la réalité, à l'expérience concrète de Biondillo, et la perspective paresseuse de Monina, basée sur une tromperie implicite du lecteur qui ne se demande probablement même pas si l'auteur a accompli « sul serio » ce voyage à pieds le long des marges ou s'il l'a seulement raconté.

En tant que géographes littéraires, nous ne nous soucions pas de tracer une frontière nette entre ces deux perspectives ni de savoir où le chemin se termine comme acte et où commence son récit, même imaginaire. Face au progressif processus de « sfocamento della riconoscibilità visiva e simbolica dei luoghi[33] », face à l'interruption du processus d'identification à ces mêmes lieux (Maggioli et Morri 2009 : 62), l'écriture nomade à travers les lieux périphériques se propose comme une éducation du regard, un *cognitive mapping* résolument nécessaire face aux nouvelles formes dispersées et mobiles de la ville contemporaine. L'observation en flâneur le long des chronotopes de la mobilité (automobile) de ces auteurs semble proposer « una narrazione che valorizza le storie di vita e le storie dei luoghi, gli immaginari e i valori simbolici, la costruzione di senso collettivo, per riannodare il rapporto tra città di pietra e città vivente[34] » (Maggioli 2010 : 12), entre mots et choses, entre le monde et son récit, entre la ville et ses marges, mais également entre les disciplines, et donc entre la géographie et la littérature.

Bibliographie

Anderson John, *Page and place : ongoing compositions of plot*, Amsterdam, Rodopi, 2014.

Bakhtin Mikhail M., « Forms of Time and of the Chronotope in the Novel : Notes Towards a Historical Poetics », in *The Dialogic Imagination. Four Essays*, Holquist Michael (dir.), Austin, University of Texas Press, 1981, p. 84-258.

33 « L'effacement de l'identité visuelle et symbolique des lieux ».

34 « Une narration qui met en valeur les histoires de vie et les histoires de lieux, les valeurs imaginaires et symboliques, la construction du sens collectif, pour reconnecter la relation entre la ville de pierre et la ville vivante. »

Bassetti Nicolò et Matteucci Sapo, *Sacro romano GRA*, Macerata, Quodlibet, 2013.

Biondillo Gianni et Monina Michele, *Tangenziali. Due viandanti ai margini della città*, Parma, Guanda, 2010.

Brosseau Marc, « Geography's literature », in *Progress in human geography*, n° 18/3, 1994, p. 333-53.

— « The City in Textual Form : Manhattan Transfer's New York », in *Ecumene*, n° 2/1, 1995, p. 89-114.

Careri Francesco, *Walkscapes. Camminare come pratica estetica*, Torino, Einaudi, 2006.

Cooper David et Roberts Les, « Walking, witnessing, mapping : an interview with Iain Sinclair », in *Mapping cultures. Place, practice, performance*, Roberts Les (dir.), London, Palgrave Macmillan, 2012, p. 85-100.

Cosgrove Denis, « Los Angeles and the Italian "città diffusa" : Landscapes of the Cultural Space Economy », in *Landscapes of a New Culture of Space Economy*, Terkenli Theano S. et d'Hauteserre Anne-Marie (dir.), Heidelberg, Springer, « Landscape series », 2006, p. 69-91.

De Certeau Michel, *L'invention du quotidien.* Arts de faire 1, Paris, Gallimard, 1990.

Donnarumma Raffaele, *Ipermodernità. Dove va la narrativa contemporanea*, Bologna, il Mulino, « Studi e ricerche », 2014.

Finch Jason, Ameel Lieven et Salmela Markku, *Literary second cities*, New York, Palgrave Macmillan, 2017.

Fiorentino Franco et Paolucci Gianluca (dir.), *Letteratura e cartografia*, Mimesis, Milano, 2017.

Governa Francesca et Memoli Maurizio (dir.), *Geografie dell'urbano. Spazi, politiche, pratiche della città*, Carocci Editore, Roma, 2015.

Guglielmi Marina et Iacoli Giulio (dir.), *Piani sul mondo. Le mappe nell'immaginazione letteraria*, Quodlibet, Macerata, 2012.

Iacoli Giulio, « Ancora sui cammini di Celati », in *Pensieri viandanti. Poetiche del camminare*, Testa Italo (dir.), Parma, Diabasis, 2009, p. 54-72.

Ingold Tim, « Culture on the ground : the world perceived through the feet », in *Journal of Material Culture*, n° 9/3, 2004, p. 315-40.

La Porta Filippo, *Uno sguardo sulla città. Gli scrittori italiani contemporanei e i loro luoghi*, Roma, Donzelli Editore, 2010.

Latham Alan, « Flâneur, The », in *International Encyclopedia of Human Geography*, Kitchin Rob et Thrift Nigel, London, Elsevier, 2009, p. 189-93.

Lynch Kevin, *L'immagine della città*, édité par Ceccarelli Paolo, Venezia, Marsilio, 2006.

Maggioli Marco, « Geografie urbane della crisi », in *Semestrale di Studi e Ricerche di Geografia*, n° XXII/1, 2010, p. 5-15.

Maggioli Marco et Morri Riccardo, « Periferie urbane : tra costruzione dell'identità e memoria », in *Geotema*, n° 37, 2009, p. 62-9.

Maioli Francesca, « Camminando attorno alla città-mondo. *London Orbital* e le ossessioni della modernità », in *Altre Modernità*, n° 1/3, 2009, p. 131-7.

Middleton Jennie, « Sense and the city : exploring the embodied geographies of urban walking », in *Social & Cultural Geography*, n° 11/6, 2010, p. 575-96.

Modena Letizia, « The Architect, the Writer, and the Detective : Gianni Biondillo's Milan from the Margins, or the Education of the Gaze », in *Symposium : A Quarterly Journal in Modern Literatures*, n° 72/2, 2018, p. 63-76.

Modena Letizia, « "Senza raccontarli i luoghi non esistono" : il GRA di Roma tra urbanistica e transmedia storytelling », in *Forum Italicum*, n° 50/1, 2016, p. 194-221.

Nuvolati Giampaolo, *L'interpretazione dei luoghi. Flânerie come esperienza di vita*, Firenze, Firenze University Press, « Studi e saggi », 2013.

— *Lo sguardo vagabondo. Il flâneur e la città da Baudelaire ai postmoderni*, Bologna, il Mulino, 2006.

Palazzo Danilo, « Responsabilità progettuale e paesaggio dei margini urbani », in *Ri-vista Ricerche per la progettazione del paesaggio*, n° 4/6, 2006, p. 14-31. http://espresso.repubblica.it/visioni/2018/04/23/news/ti-racconto-l-altra-milano-1.320886.

Papotti Davide, « Abbondanza di spazi e carenza di luoghi : riflessioni introduttive sul rapporto fra narrativa e identità territoriale », in *La geografia del racconto. Sguardi interdisciplinari sul paesaggio urbano nella narrativa italiana contemporanea*, Papotti Davide et Tomasi Franco (dir.), Bruxelles, Peter Lang, 2014a, p. 25-34.

— « Racconti di città : strategie di interpretazione urbana nella collana *Contromano* », in *La geografia del racconto. Sguardi interdisciplinari sul paesaggio urbano nella narrativa italiana contemporanea*, Papotti Davide et Tomasi Franco (dir.), Bruxelles, Peter Lang, 2014b, p. 35-58.

— « Il camminare come fonte di conoscenza geografica », in *Pensieri viandanti. Poetiche del camminare*, Testa Italo (dir.), Parma, Diabasis, 2009, p. 18-39.

Papotti Davide et Tomasi Franco (dir.), *La geografia del racconto. Sguardi interdisciplinari sul paesaggio urbano nella narrativa italiana contemporanea*, Bruxelles, Peter Lang, 2014.

Peterle Giada, « Moving beyond Venice : literary landscapes of movement in Northern Italy's "diffused city" », in *Literary second cities*, Finch Jason, Ameel Lieven, Salmela Markku (dir.), New York, Palgrave Macmillan, 2017, p. 217-240.

Peterle Giada et Visentin Francesco, « Performing the literary map : "towards the river mouth" following Gianni Celati », in *Cultural Geographies*, n° 24/3, 2017, p. 473-85.

Pinder David, « Errant paths : the poetics and politics of walking », in *Environment and Planning D : Society and Space*, n° 29, 2011, p. 672-92.

— « Ghostly footsteps : voices, memories and walks in the city », in *Ecumene*, n° 8/1, 2008, p. 2-19.

Robertson Susan, « Visions of urban mobility : the Westway, London, England », in *Cultural Geographies*, n° 14, 2007, p. 74-91.

Simoncini Stefano, « Esploratori psicogeografici », in *Il Sole 24 Ore*, 15 décembre 2013, https://www.quodlibet.it/recensione/1526.

Sinclair Iain, London Orbital, Londres, Penguin Books Ltd, 2003.

Sorrentino Flavio (dir.), *Il senso dello spazio. Lo « spatial turn » nei metodi e nelle teorie letterarie*, Roma, Armando Editore, 2010.

Westphal Bertrand, *La Géocritique.* Réel, fiction, espace, Paris, Les éditions de Minuit, 2007.

— *Le Monde plausible. Espace, lieu, carte*, Paris, Éditions de Minuit, 2011.

Wood Denis, « Lynch Debord : about two psychogeographies », in *Cartographica*, n° 45/3, 2010, p. 185-200.

Wylie John, « A single day's walking : narrating self and landscape on the South West Coast Path », in *Transtactions of the Institute of British Geographers*, n° 30, 2005, p. 234-347.

Les nouvelles allures du flâneur

Vitesse et déambulation dans l'œuvre de Jacques Réda

Théo Soula
Université Toulouse Jean Jaurès

La flânerie baudelairienne naît pendant l'aménagement du Paris moderne : celui des trottoirs, des passages, de l'éclairage au gaz. Elle naît aussi dans un contexte d'accélération historique des déplacements. Marc Desportes revient sur cette histoire (Desportes 2005) et sur son lien avec le paysage. Plus spécifiquement pour Paris, les phases d'accélération sont assez connues, du percement des boulevards d'Haussmann (qui entraîne justement la disparition de nombreux passages dont le flâneur benjaminien s'était fait le chantre) à la constitution de l'actuelle voirie périphérique dans les années 1970 (Flonneau 2005), systématiquement accompagnées par les innovations technologiques qui concernent les moyens de transport. Le flâneur, dès lors, se fait l'observateur de ces changements qui affectent tout à la fois la physionomie de la ville, ses usages et son expérience. Et cette expérience du paysage, c'est d'abord l'expérience d'un regard : pour Alain Corbin, par exemple, « [le nouveau régime scopique au XIXe siècle] résulte d'un faisceau de données : la vitesse accrue des déplacements suscite alors un nouvel apprentissage du regard posé sur l'espace » (Corbin 2001 : 23). Or, on sait combien chez le flâneur l'attention visuelle importe[1]. Il se fait donc l'écho privilégié des bouleversements successifs des régimes scopiques. Par ailleurs, le degré de vitesse agit aussi comme un révélateur des territoires. D'une part, en effet, la vitesse modifie la relation phénoménologique de l'individu à l'espace : « la lenteur de la progression pédestre aiguise une impression de présence au réel » (Girard 2011 : 7). De l'autre, c'est le territoire lui-même qui dicte au promeneur l'allure à suivre : « Certains territoires semblent

[1] Antoine Baecque parle de « l'invention d'un regard pédestre » au sujet de la naissance de la flânerie à Paris (2016 : 259).

déterminer des manières de voyager, conditionner des vitesses, des rythmes. Il semble parfois qu'il y ait une interaction entre les espaces géographiques […] et les comportements du voyageur ». Pour Danièle Meaux et Jean-Pierre Mourey, par exemple, « la grande ville fait […] éprouver au passant des *stimuli* nombreux et des rythmes rapides » (*ibid.* : 9). La configuration territoriale, l'aménagement, ainsi que les usages en vigueur dans ce milieu constitueraient autant d'incitations à la vitesse, ce que confirme la plupart du temps notre expérience personnelle des métropoles. Nous retrouvons ainsi, à travers le thème de la vitesse, la question de la grande ville, chère au flâneur. Dans une ville en mouvement, et en accélération constante, ce dernier semble être une figure particulièrement adaptée à la mesure des changements liés à la vitesse (on retrouve d'ailleurs, chez Réda, l'image du flâneur comme tensiomètre [Réda 1998 : 20]).

Pourtant, dans une certaine mesure, le flâneur se tient relativement à l'écart de ces bouleversements. Du point de vue des pratiques, en effet, il préfère ainsi bien souvent la marche à pied au véhicule motorisé, au risque d'un certain anachronisme. La vitesse dépendant étroitement du moyen de transport emprunté, le flâneur possède dès lors une faible amplitude de variation. Pourtant, il cherche malgré tout à se distinguer des autres passants. Benjamin rapporte ainsi cette anecdote bien connue :

> En 1839, il était élégant d'emmener une tortue quand on allait se promener. Cela donne une idée du rythme de la flânerie dans les passages. (Benjamin 1993 : 441)

Cette citation combine idéalement les deux aspects de l'allure : la belle allure semble en partie liée à la faible vitesse. Le flâneur apparaît comme une figure qui cultive la lenteur, qui se différencie de la foule et des passants par son allure anormalement faible, lui permettant ainsi d'accéder à une autre vision de la ville. Il est, de ce point de vue, un marginal, un contre-modèle de la rapidité. Au-delà de ces considérations quantitatives, l'idée serait donc que la vitesse de déplacement modifie *qualitativement* notre rapport au paysage, et que la métropole, à travers les mutations majeures qu'elle a subies au cours du XXe siècle, demanderait que l'on réinterroge constamment ce rapport au paysage et à la vitesse. Le flâneur est donc à la fois acteur et observateur de la vitesse en ville. Si l'on ne voit plus guère de flâneur à la tortue aujourd'hui, est-ce à dire que la rapidité des déplacements l'ait finalement emporté sur l'idéal d'indolence ? Dans le Paris de Jacques Réda et des flâneurs qui le suivent, la question semble se poser de deux manières : les pratiques de vitesse ont-elles changé ? Et dans ce cas, en quoi l'expérience et les formes de la flânerie s'en trouvent-elles modifiées ?

La condamnation du voyage à grande vitesse ou le discours anti-moderne

On connaît l'image d'Épinal qui fait de Jacques Réda le flâneur au cyclomoteur, *l'homme au solex* comme le dit Hervé Micolet (2003 : 20)[2]. Bien que devenu un stéréotype, ce portrait ne cesse d'interroger : peut-on flâner en solex ? Le choix du moyen de transport questionne en particulier le rapport de la flânerie à la vitesse. L'œuvre de Réda commence vers la fin des années 1970, c'est-à-dire à la suite de ce que Matthieu Flonneau appelle les « années Pompidou » (Flonneau 1999 : 31), et qui correspondent à une phase d'intense mutation de la ville de Paris autour de l'accès individuel à l'automobile et de l'aménagement en conséquence des voies urbaines. Ces années, nous dit l'historien, sont marquées par un surprenant volontarisme en matière d'aménagement du territoire : développement du réseau autoroutier, politique de soutien à l'industrie automobile... Un artisan de cet urbanisme en région parisienne fut Paul Delouvrier, surnommé « l'Haussmann des faubourgs » par Roland Nungesser (Pompidou prenant le rôle de Napoléon III) :

> Il entendait édicter de nouvelles normes d'urbanisme, en respectant, dans le Schéma directeur d'aménagement et d'urbanisme de la région parisienne, ce qu'il avait identifié comme une nouvelle « clé d'or » de la fabrique des villes, celle du déplacement possible pour les habitants, en automobile, à « une allure comprise entre cinquante et soixante kilomètres/heure ». (*Ibid.* : 33)

Autrement dit, Paris accélère. Les vitesses moyennes s'élevant auparavant à 17 kilomètres par heure, il se produit alors un changement d'échelle du déplacement en ville. Or, 17 kilomètres/heure, c'est l'estimation de ce que pourrait être la vitesse de croisière d'un solex. Réda, visitant les faubourgs et les arrondissements périphériques en cyclomoteur, apparaît déjà comme une sorte de figure marginale, tenant d'un usage de la vitesse qui va devenir, petit à petit, anachronique. Sur la route, le flâneur cultive un art de la distinction dans lequel il épouse une forme de raffinement qui le fait se situer en décalage par rapport à l'expérience commune. Bien

---

2 Voir aussi la critique que fait Réda de cette caricature au sujet de Cingria : « La bicyclette a peut-être quand même fait un peu de tort posthume à Cingria, en ce sens qu'une jobardise s'en est emparée à des fins de pittoresque, ébauchant pour des échotiers un "personnage" à la mesure de leur œil étroit. Négligeons cette pantalonnade et, pour reprendre les choses à leur début, considérons que la bicyclette aura été pour Cingria, dans toutes les acceptions du terme, un moyen de transport (ou de transports) » (Réda 1995 : 42).

souvent, ce décalage conduit à une confrontation plus ou moins latente. Dans son expérience parisienne du trafic routier, Réda retient surtout, de la vitesse, ses risques et périls :

> Mais à peine franchie la moitié de ma diagonale, je sens, avant même de l'entendre et d'en apercevoir les éclaireurs, la horde, lâchée au sortir d'une voie rapide insoupçonnable par un feu vert, s'élancer sur mon flanc dans des directions diverses. (Réda 1997 : 230)

La vitesse apparaît comme un facteur aggravant du déclenchement de la furie motorisée : plusieurs verbes y renvoient (« lâcher », « s'élancer ») qui peignent le comportement du trafic automobile comme celui de coureurs s'affrontant dans une arène. La vitesse devient un attribut caractéristique et menaçant. Dans l'imaginaire du poète, il est nécessairement lié à la présence d'un aménagement urbain qui est ici la voie périphérique que le poète finit par deviner. Territoire et pratiques urbaines semblent donc être en harmonie sur ce point. Le carrefour devient dès lors le lieu d'une rencontre conflictuelle des allures, nœud de connexion urbain duquel se sentent naturellement exclus ceux qui dérogent à la règle de la grande vitesse.

C'est principalement cette question de la normalisation des usages qui semble préoccuper le flâneur. Il est précisément ce citadin dont les pratiques ne sont pas réductibles à un type de comportement[3], à un rapport unilatéral à la vitesse. La normalisation des usages elle-même se conçoit, pour le flâneur, comme une agression. À propos de ce caractère indéfinissable du mouvement piéton du flâneur, Réda dit encore : « Qu'est-ce que ça cache ? Quelle résistance, ou quelle déviance, que replacera dans le droit chemin la dictature de la rapidité ? » (Réda 1988 : 89).

« Dictature de la rapidité » : l'expression est forte pour désigner cette uniformisation des principes. Logiquement, de la part du flâneur, il y a, à première vue, un refus radical de l'impératif de rapidité. L'indéfinition de son mouvement, s'il tient en partie à son « caractère » piéton, est aussi une réponse à cette « injonction de circuler » (Réda 1986 : 101). Jean-Claude Pinson interprète ce refus comme un engagement poético-politique :

> La « circulation poétique » s'oppose à « l'injonction de circuler » propre à l'époque capitaliste. Cette dernière fait de la « circulation fonctionnelle des hommes [...] un cas particulier de la rotation accélérée des marchandises et des capitaux. [...] Au contraire, le loisir et la lenteur [...], le « droit à la paresse », sont au principe de la circulation poétique. (Pinson in Micolet 1990 : 126-127)

3 Selon Jacques Réda, le flâneur est un « mobile indéfinissable » (Réda 1988 : 89).

Cette posture de résistance donne même lieu à un véritable discours anti-moderne de condamnation de l'accélération des rythmes du déplacement, qui reprend un *topos* que l'on rencontre dès le début du XIXe siècle et la naissance du chemin de fer[4]. Pour celui qui parcourt des distances relativement grandes, l'idéal reste un voyage de la lenteur : « Qui va de Sens à Mâcon ou de Nevers à Louhans sans hâte s'en aperçoit. Les accents se nuancent (du moins ce qu'il en reste à présent) et les paysages se bousculent » (Réda 2012 : 11).

Ici, la lenteur ouvre l'accès au nuancier des territoires – langagiers – et des paysages. Elle organise le dégradé du voyage en évitant tout effet de rupture de seuils… Ce que le voyage rapide tend à généraliser. C'est surtout le cas à propos des moyens de transport plus modernes comme l'avion. Au contraire de la marche ou, dans notre cas, du solex, celui-ci ne connaît pas, comme le symptôme d'une mauvaise maladie, de poètes lyriques qui en ont célébré les vertus :

> La densité du trafic aérien est en effet devenue aujourd'hui presque alarmante à la périphérie de Paris : elle contribue à refréner un lyrisme qui, si l'on y réfléchit, n'a paradoxalement pas connu de notables envolées : on a chanté le Transsibérien et les paquebots transatlantiques, mais l'avion n'a pas eu de passagers comme Cendrars et Larbaud. (Réda 2006 : 51)

Cet anti-lyrisme est lié, selon le poète, à une quasi saturation de l'espace. Sans doute est-il lié aussi à un dépassement du seuil de vitesse qu'interdit le sentiment poétique. C'est vrai en particulier des avions dont la vitesse est « trop excessive pour demeurer grisante (on ne la perçoit même pas) » (Réda 2006 : 8). La dénonciation rejoint par ailleurs dans l'extrait une forme d'anti-mondialisme qui ne surprend pas vraiment de la part d'un provincial amateur du petit patrimoine parisien. Ce qui peut paraître plus surprenant, c'est finalement les nuances qu'il apporte à cette dénonciation.

L'éloge paradoxal de la vitesse : un art de l'effraction

En effet, toute la vitesse n'est pas rejetée en bloc par le poète. Il établit une sorte de gradient : ce qui est condamné, c'est l'excès de vitesse. Il y aurait un seuil de vitesse à partir duquel l'expérience de la mobilité serait considérablement appauvrie. Il est plus explicite à propos du train :

---

4 Alfred de Vigny fait ainsi son « adieu » aux « voyages lents » dans le poème « La maison du berger » du recueil *Les Destinées* (1864).

> on constate que le trajet Paris-Lyon, par exemple, a, durant ces dernières années, diminué de plus de moitié en temps. C'est une grande perte pour ceux dont le caractère, même dans la tension du voyage, demeure disposé à flâner : dans leurs pensées, dans un tas de livres, à travers les métamorphoses des paysages. Bien qu'on ne puisse l'apprécier subjectivement, il y a un seuil, dans ce domaine de la circulation ferroviaire, en deçà duquel un voyageur ne saurait en outre se promener. (Réda 1990 : 86)

En plus d'affirmer la possibilité d'une flânerie ferroviaire (qui rend le mouvement du flâneur, d'une certaine manière, passif et virtuel), Réda tente d'identifier avec plus de précision ce seuil de la vitesse qui fait passer d'une expérience riche à une expérience appauvrie de l'espace. Le seuil a été franchi, historiquement, au début des années 1980 (le recueil duquel est extraite la citation date de 1988) pour la ligne Paris-Lyon (à laquelle Réda consacra un ouvrage en 1982, *PLM*). Le début des années 1980 marque précisément le passage d'une ligne électrique traditionnelle à la ligne à grande vitesse (dite « LGV »). En 1975, on mettait 6h40 pour parcourir la ligne Paris-Marseille ; en 1983, on ne met plus que 4h42. Ce que Réda souligne ici, c'est la différence entre l'expérience du chemin de fer et l'expérience du TGV, assimilée par Etienne Auphan à l'avion[5]. Malgré ce regret, le discours de Réda n'est pas celui d'une condamnation totale. Au contraire, à travers la condamnation de la vitesse apparaissent des éléments positifs. Là où réside le véritable paradoxe, c'est que, comme il nous le dit à propos de l'avion, ce qui disparaît avec l'excès de vitesse, c'est précisément la sensation de la vitesse elle-même : « trop excessive pour demeurer grisante ». Ici, trop de vitesse tue la vitesse. Une partie de la vitesse cependant, sa « griserie », intéresse le flâneur. Ce discours anti-moderne conduit donc à un éloge, lui aussi paradoxal, de la rapidité.

Celui-là même qui cultivait la lenteur semble reconnaître des avantages indéniables à la vitesse, dans la mesure où celle-ci demeure en deçà d'un certain seuil. En effet, les indices sont là qui tempèrent la condamnation. Par exemple, Réda relativise :

> Et l'on verra apparaître une nouvelle forme de nostalgie qui sera, vis-à-vis du rapide, à peu près celle que nous ressentons maintenant pour la lenteur, l'une n'étant après tout qu'une exagération de l'autre, et inversement. (Réda 1990 : 88)

---

5 Étienne Auphan (2008 : 432 *sq.*) propose une synthèse de ses recherches sur le Train à grande vitesse français, il fait notamment état du rapprochement fonctionnel et empirique entre le TGV et l'avion, ainsi que d'une des conséquences de la mise en place des réseaux de TGV en France : la disparition du chemin de fer classique.

Le flâneur justifie ici un certain goût pour la vitesse au nom même du goût pour la lenteur, les deux étant, avec le passage du temps, finalement égaux. Ce goût de la vitesse correspond chez Réda à un attrait pour ce qu'il appelle la « griserie ». Celle-ci consiste en l'établissement d'un rapport nouveau avec le paysage, rapport qui dépend essentiellement de la condition de mobilité rapide de l'observateur. Le premier pan de ce nouveau rapport touche essentiellement au domaine esthétique :

> J'aimerais être plus systématique, procéder plus rationnellement. La marche à pied présente sous ce point de vue des avantages. On ne peut guère papillonner ou changer brusquement d'aire d'exploration. Mais elle exclut les panoramiques rapides qui, en faisant apparaître les distributions et rapports des grandes masses, ne laissent pas d'être instructifs. (Réda 1998 : 38)

La flânerie, traditionnellement conçue comme un art du détail, serait inconciliable avec la vitesse, qui précisément les efface. À propos de l'autoroute, Marc Desportes rappelle ainsi que « la vitesse et l'orientation du regard interdisent de s'attacher au moindre détail » (Desportes 2005 : 312). Ce que l'on peut considérer comme un « effet couloir » paraît adaptable, dans une moindre mesure, au paysage urbain de la vitesse, qui, lui aussi, perd en détail. Or Réda fait précisément l'éloge de l'effacement des détails auquel donne lieu la vitesse, éloge de ce que l'on pourrait appeler un « paysage de la vitesse » ou, à la suite de Marc Desportes, un « paysage en mouvement ». Pour le poète, l'évanouissement des détails ne constitue pas forcément une perte dans l'expérience paysagère. La marche à pied présenterait, dès lors, une sorte de faiblesse irréductible en ce qu'elle interdirait l'accès à une certaine vitesse. Pourtant, même limitée, la marge de manœuvre du piéton permet tout de même de moduler la vitesse au point de faire apparaître des différences significatives :

> Comme elle est signalée « voie privée » [...], je parcours l'avenue assez vite. Aussi pour un tout autre motif qui tient à une conséquence intéressante de la vitesse. [...] Mais c'est d'abord une question de tempérament : autant et plus qu'à de l'impatience, le mien se prête volontiers à une griserie du déplacement continu. Je passe. Et, en passant, j'aperçois beaucoup de scènes par surprise. C'est-à-dire qu'elles me surprennent à peine plus que je ne les surprends. Oui, tout ce qui bouge sans qu'on s'en doute, et tant qu'on n'y pose pas un regard trop appuyé, mais en glissade, afin de saisir l'objet dans son mouvement, juste avant qu'il ne se fige dans sa position dite normale. Il m'est fréquemment arrivé de ne pas reconnaître un endroit que j'avais d'abord entrevu de cette façon. J'y étais retourné avec des intentions louables : examiner sans hâte, contempler, voir pour faire excuser l'effraction de la première rencontre. Eh bien, les choses

> apparaissent telles que d'habitude on les croit : accueillantes, mais avec cette distance, ce quant à soi dont, au précédent passage, fugitivement, j'avais déjoué le simulacre. [...] Il n'empêche qu'elle exprime une réalité mentale, rien ne prouvant au surplus qu'elle n'existe que dans notre cerveau : que précisément la vitesse, de temps en temps, n'assure pas une connexion entre ce qui s'y déroule à toute allure, et les opérations que le monde censément inerte effectue de son côté. (Réda 1997 : 140)

La citation contient un des points essentiels de la pensée de Réda à propos de la vitesse. Globalement, il revient sur la différence qualitative entre un paysage perçu rapidement ou lentement, et fait de la flânerie un art de l'effraction des paysages, de la surprise des territoires. La « griserie » de la vitesse permet à Réda d'accéder au spectacle de la mobilité naturelle du monde, contredite par une apparence d'inertie. Pour comprendre la fin de cette citation, il s'agit surtout de se rappeler que le poète pense et perçoit la plupart du temps en phénoménologue : selon sa conception, le phénomène, en tant qu'il est un produit de la perception, peut posséder une dimension ontologique. Autrement dit, ici, Réda conçoit la vitesse comme le révélateur d'un état réel du paysage accessible seulement dans des conditions de passage rapide. La griserie n'est donc pas un simple divertissement, anodin, c'est une clé d'accès au paysage. L'intérêt de cette approche phénoménologique de la vitesse est qu'elle tendrait à prouver que, derrière l'inertie apparente des choses, le monde est fondamentalement mobile, et que la mobilité du flâneur, sa vitesse, est assimilable à la recherche d'une harmonisation des allures avec le monde.

Réda serait donc ce flâneur représentatif d'un certain air du temps qui voit la (trop) grande vitesse condamnée, et un poète qui a trouvé dans la vive allure une matière à sensations, à émotions, voire à révélations. Il occupe ainsi une position à la fois médiane et transitoire dans l'histoire de la flânerie, puisqu'il va non plus d'un pas lent, mais d'un pas « flâneur et diligent » (Réda 1985 : 39). Il est ce « vélocipède » (Réda 1998 : 166), qui donne le nom d'un café auquel il s'attable pour écrire : littéralement la bicyclette, et étymologiquement, le « pied véloce ».

Extension du territoire de la flânerie ?

Lorsqu'il s'agit de traiter de la littérature contemporaine, il est toujours difficile de proposer des articulations historiques qui auraient la prétention d'être définitives. En reprenant la division proposée par Dominique Viart, Bruno Vercier et Franck Evrard (2008), on peut dire qu'à partir des années

1980 se produit une littérature dite « contemporaine » qui prend pour acquis les évolutions techniques et sociétales des années d'après-guerre, et s'inscrit plus radicalement dans ce que l'on a pu appeler la « post-modernité » (Lyotard 1979) ou, en anthropologie, la « surmodernité » (Augé 2002). Christina Horvath compare ainsi la rupture des années 1980 à celle des années 1850 du siècle précédent, fondant d'ailleurs cette analogie en grande partie sur la révolution urbaine qui a cours : « La notion même de la contemporanéité semble définitivement liée aux grandes métropoles » (Horvath 2008 : 8). Réda occupe ce temps de latence, de transition. Après lui, à partir des années 1980 et surtout des années 1990, d'autres auteurs vont produire une littérature urbaine qui en réévalue plus profondément les codes : c'est le « roman urbain » identifié par Christina Horvath, mais aussi le « récit périurbain » dont parle Frédéric Martin-Achard (2011), dans lesquels se déroulent notamment ces « voyages de proximité » qu'a étudiés Filippo Zanghi (2014). Ces nouvelles fictions retravaillent sans la reprendre tout à fait la figure du flâneur : elle est une des inspirations parmi d'autres (le journaliste, l'ethnologue, le voyageur…) de ces « nouvelles » manières d'écrire la ville. Dans ce cadre, elles réévaluent avec beaucoup d'efficacité le rapport du promeneur à la vitesse.

La vitesse a pour effet principal la réduction du territoire, comme on le voit sur ces cartes en anamorphose des temps de trajets. Il en est de même en ville. Dans ce contexte, l'augmentation de la vitesse de déplacement va être, pour les flâneurs et les promeneurs, un moyen de répondre à l'extension gigantale des villes. Le premier effet est donc de transformer la flânerie en une sorte de voyage. Réda dira ainsi faire, grâce au bus, des « petits voyages » (Réda 1997 : 218). Rolin part en « voyage à Paris » (Rolin 1995 : 37), et François Maspero et Anaïck Frantz, dans *Les Passagers du Roissy-Express*, substituent aux « voyages » lointains qui ont « tous été faits » un essai de « littérature départementale » (Maspero et Frantz 1990 : 18). C'est sans doute ce livre de 1990 qui porte la combinaison des moyens de transport à son plus haut degré de systématisme. Le but est en effet de parcourir toutes les étapes du RER B, du nord au sud. Le voyage permet ici de combiner la vitesse du train et la lenteur de la marche à pied, les « grandes perspectives » et le détail. Il s'agit, pour Maspero, d'un « vrai voyage » (*ibid.* : 15), d'un « grand voyage », malgré une certaine ironie du propos. Il décrit son procédé de voyage comme des « sauts » de gare en gare, ce que l'on peut rapprocher, à la suite de Sonia Lavadinho et Yves Winkin, d'un « cabotage urbain[6] ». Cette notion a le mérite de montrer que

6 Sonia Lavadinho (2011 : 168 *sq.*) définit ainsi le cabotage urbain : « stratégie des marcheurs qui représente à nos yeux le socle qui doit guider la réflexion en matière

la combinaison des moyens de locomotion est une pratique de marcheurs, essentiellement lorsqu'il s'agit d'atteindre les territoires périphériques, et de proposer un paradigme de représentation de la démarche flâneuse : « Je l'allume [ma cigarette] rue du Château-d'eau, puis je continue de monter la pente qui conduit vers la gare, en cabotant. Soit à tribord dans la cour des Petites-Écuries, soit à bâbord dans le passage du Désir, sans éprouver l'effet de roulis qui m'avait chamboulé tout à l'heure » (Réda 2001 : 51-52). De manière autrement imagée, c'est le motif du déplacement en « sauts de puce » qui désigne cette progression « de proche en proche », ou comme le dit Réda, « de gare en gare » (Réda 1982 : 94). L'augmentation de la vitesse de déplacement est ici un moyen d'aller plus loin[7]. Elle permet ce « saut d'échelle » (Lavadinho 2011 : 589) de la marche dont parle Sonia Lavadinho. Elle a à voir avec le territoire et les modalités de déplacement, avant même de concerner l'expérience paysagère de la ville. C'est une manière de poser à la flânerie la question du voyage.

Par ailleurs, la citation de Jacques Réda à propos des avantages de la vitesse avait esquissé la différence *paysagère* qu'implique la perception sous l'effet de la vitesse : suppression des détails, schématisation des lignes de contour, saisie panoramique, *etc.* Le livre de François Bon, *Paysage fer*, travaille à en donner une représentation. Si le territoire flâneur s'agrandit, son paysage en est forcément bouleversé. Même s'il ne s'agit pas d'un voyage en automobile mais en train, le texte de François Bon aborde directement cette problématique du paysage de la mobilité. Du point de vue de la vitesse, il s'agit également, pour la voiture comme pour le train, d'un dépassement de l'échelle piétonnière, donc de l'échelle humaine. Dans *Paysage fer*, le narrateur met en place une méthode d'écriture qui consiste à saisir « à la volée » les détails perçus à travers la vitre du train qui relie Paris à Nancy. Ainsi revient-il souvent sur cette méthode dans le texte même, et notamment sur l'exercice de notation auquel elle donne lieu : « C'est seulement des choses notées vite, listes de noms, images comme découpées du surgissement du réel et qu'on recopiera au retour ou le dimanche qui suit » (Bon 1999 : 12).

D'une manière assez mimétique, le déplacement rapide donne lieu à une écriture rapide. La vitesse d'écriture évoquée n'est pas ici une métaphore : le texte contient très souvent des bribes de notation, bien qu'il ait été réécrit par la suite. Mais même lorsqu'elle est faite sur le

---

d'agencements des réseaux et de localisation des attracteurs ». La notion est employée dans le cadre d'une réflexion sur le renouvellement des comportements piétonniers, et ne se prête pas rigoureusement à l'interprétation métaphorique que nous en faisons ici.

7 À ce sujet, voir, par exemple, Jean-Pierre Orfeuil (2000 : 53-68).

carnet de notes, cette écriture rapide modifie la représentation du paysage. Autrement dit, la matérialité de l'acte d'écrire le paysage, bouleversée par les conditions du déplacement, offre une image radicalement différente de ce paysage : avec la vitesse, impossible de noter tous les détails du paysage, et l'on retrouverait alors l'idée selon laquelle une réduction de l'échelle équivaudrait à une diminution de l'information disponible, du détail. Dans le livre de François Bon, quasi systématiquement, l'auteur a recours au paradigme de la géométrie pour décrire les éléments du paysage : « les stèles *obliques* », « la même rue qui s'éloigne à la *perpendiculaire* de la gare après la place *demi-ronde* », « ces immeubles en barres *perpendiculaires* » (Bon 1999 : 15, 18, 36[8]), *etc.* Ce recours massif au vocabulaire géométrique finit par influencer la représentation générale que nous avons de ce paysage vu du train, et par aboutir, pourquoi pas, à une sorte de schématisation de ce dernier, au sens graphique du terme de simplification des objets à leurs formes élémentaires. Finalement, la géométrisation des paysages sous l'effet de la vitesse conduit à un certain « effet de schématisme », qui renvoie le paysage à une esquisse grossière.

La question qui se pose alors est bien sûr la suivante : pouvons-nous toujours considérer que François Maspero et François Bon sont des flâneurs ? Si nous avons essayé de montrer qu'il y a un lien évident avec la flânerie, que les flâneurs (en particulier Jacques Réda) se sont posé des questions auxquelles se confrontent aussi ces nouveaux promeneurs, on peut se demander dans quelle mesure l'augmentation de la vitesse du déplacement, à partir d'un certain seuil, et le changement de moyens de transport ne rompent pas l'expérience de la flânerie ; dans quelle mesure il ne s'agit plus d'un « petit voyage » mais d'un voyage à part entière, aux confins de la métropole devenue terrain d'exploration. La réponse, nous semble-t-il, n'est pas évidente. Le jeu avec l'échelle des vitesses et les moyens de transport mettent toujours en péril la question de la flânerie, la pousse à ses limites. La flânerie est un des lieux où se réfléchit l'expérience de la vitesse, celle de son propre mouvement et celle des autres, et où cherche à se saisir un certain paysage de la vitesse. Il est intéressant de constater que, dans le cas où la vitesse représente une atteinte à la condition du flâneur, elle condamne en même temps ce dernier à une posture, au pire de marginal, au mieux de résistant. À ce propos, nous avons voulu mettre l'accent sur les multiples nuances que l'on pouvait apporter à un discours de condamnation de la vitesse qui, bien qu'il soit tout à fait présent chez les flâneurs du XXe siècle, demande à être balancé au regard des évolutions des discours et des pratiques de la déambulation. Marcher encore, et marcher

8 Nous soulignons.

« en flâneur », avec tout ce que cela peut avoir d'anachronique, est donc à la fois une œuvre de résistance à « l'injonction de circuler », et une expérience du compromis et de l'adaptation qui conduit souvent à mieux cerner les effets de la vitesse.

Bibliographie primaire

Bon François, *Paysage fer*, Lagrasse, Verdier, 1999.

Maspero François et Frantz Anaïk, *Les Passagers du Roissy-Express*, Paris, Éditions du Seuil, 1990.

Réda Jacques, *Hors les murs*, Paris, Gallimard, 1982.

— *Châteaux des courants d'air*, Paris, Gallimard, 1986.

— *Recommandations aux promeneurs*, Paris, Gallimard, 1988.

— *Premier livre des reconnaissances*, Fontfroide-le-Haut, Fata Morgana, 1995.

— *La Liberté des rues*, Paris, Gallimard, 1997.

— *Le Citadin*, Paris, Gallimard, 1998.

— « Avant-propos », in *Les Poètes et la ville*, Paris, Gallimard, 2006.

— *Ponts flottants*, Paris, Gallimard, 2006.

Rolin Jean, *Zones*, Paris, Gallimard, 1995.

Bibliographie secondaire

Augé Marc, *Non-lieux. Introduction à une anthropologie de la surmodernité*, Paris, Éditions du Seuil, 2002.

Auphan Etienne, « Un quart de siècle de grande vitesse ferroviaire en France », in *Bulletin de l'Association de Géographes Français*, vol. 85, n° 4, 2008, p. 431-442.

Baecque Antoine, *Une histoire de la marche*, Paris, Perrin, 2016.

Benjamin Walter, *Paris, capitale du XIXe siècle : le livre des passages*, Paris, Les Éditions du Cerf, 1993.

Corbin Alain, *L'homme dans le paysage : entretien avec Jean Lebrun*, Paris, Textuel, 2001.

Desportes Marc, *Paysages en mouvement. Transports et perception de l'espace*, Paris, Gallimard, 2005.

Flonneau Mathieu, *Paris et l'automobile : un siècle de passions*, Paris, Hachette littératures, 2005.

Horvath Christina, *Le roman urbain contemporain en France*, Paris, Presses Sorbonne Nouvelle, 2008.

Lavadinho Sonia, *Le renouveau de la marche urbaine. Terrains, acteurs et politiques*, Thèse de doctorat en études urbaines, École Normale Supérieure de Lyon, 2011.

Louette Jean-François et Roche Roger-Yves (dir.), *Portraits de l'écrivain contemporain*, Seyssel, Champ Vallon, 2003.

Lyotard Jean-François, *La condition postmoderne. Rapport sur le savoir*, Paris, Éditions de Minuit, 1979.

Martin-Achard Frédéric, « Des promenades dans cette épaisseur de choses reconstruites. Introduction au récit périurbain (Bon, Rolin, Vasset) », in *Compar(a)ison, An International Journal of Comparative Literature*, n° 28, 2011, p. 5-27.

Méaux Danièle et Mourey Jean-Pierre, *Le Paysage au rythme du voyage*, Saint-Etienne, Publications de l'Université de Saint-Etienne, 2011.

Micolet Hervé, *Lire Réda*, Lyon, Presses Universitaires de Lyon, 1990.

Orfeuil Jean-Pierre, *Les Territoires de la mobilité*, Paris, Presses Universitaires de France, 2000.

Viart Dominique, Vercier Bruno et Evrard Franck, *La littérature française au présent. Héritage, modernité, mutations*, Paris, Bordas, 2008.

Zanghi Filippo, *Zone indécise : périphéries urbaines et voyage de proximité dans la littérature contemporaine*, Villeneuve-d'Ascq, Presses Universitaires du Septentrion, 2014.

Écrivains en marche sur les voies antiques italiennes

Filippo MILANI
Università di Bologna

Traduction d'Adrien Frenay

Départ

Au cours des dix dernières années, le nombre de publications d'écrivains-marcheurs a augmenté de façon exponentielle, apportant une contribution significative au marché de l'édition (guides, journaux intimes, rapports, récits, *etc.*). Les raisons peuvent être multiples et interdépendantes : un sentiment écologique renouvelé lié à une préoccupation croissante pour la planète ; le besoin de retourner à la nature pour trouver une nouvelle source d'inspiration pour une veine narrative devenue aride ; le désir de dénicher de nouvelles histoires à raconter sur des chemins oubliés ; la redéfinition de la représentation du territoire par un regard plus proche de la vie quotidienne par opposition aux projets de grands travaux nationaux et internationaux ; la nécessité de tracer un nouveau rapport possible entre homme et nature[1]. Il s'agit d'une série de motivations plausibles qui oscillent entre nécessité et mode, mais, en tout cas, la redécouverte du voyage à pied coïncide aussi avec le besoin de trouver un nouveau rapport à la réalité par l'écriture, afin de réduire la distance entre auteurs et lecteurs, entre les écrivains et la contingence[2]. À l'ère de la virtualisation de la réalité, les histoires d'écrivains-marcheurs qui utilisent le moyen de locomotion le plus simple et le plus naturel se caractérisent par une adhésion à la vie quotidienne qui semble donner force à l'écrit, à la conscience du monde.

1 Sur les divers aspects de la marche, voir aussi Solnit 2001 ; Le Breton 2001 ; Careri 2006 ; Lingiardi 2017 ; Kagge 2018.

2 Pour un panaroma du débat italien concernant le réalisme contemporain, voir Benvenuti 2012.

Comme le dit ouvertement Wu Ming 2, dans la préface du livre sur *L'arte del camminare* de Luca Gianotti, un des principaux experts de randonnée, mettant en évidence le point de vue unique du marcheur :

> La sua visione del mondo è la più vicina che si possa immaginare alla verità pulsante, caotica e indifferenziata della vita. Quando vuole voltarsi, si volta : per lanciare un'occhiata all'altro lato delle cose. Quando vuole fermarsi, si ferma : non ha che da interrompere il ritmo dei passi. Se vede qualcuno e vuole parlargli, deve soltanto decidere di andargli incontro. Per evitare gli ostacoli, non ha bisogno di prevederli con grande anticipo : gli basta stare attento a dove mette i piedi, ma è raro che quest'operazione gli ingombri davvero la vista. Così, mentre le gambe lo portano da un luogo all'altro, senza soluzione di continuità, il paesaggio prende forma davanti ai suoi occhi, ed è un coacervo indistinto di sfondi e dettagli : […] mai come quando andiamo a piedi il nostro modo di guardare si avvicina alla realtà indissolubile del mondo. (Wu Ming 2 2011 : 10-11[3])

La marche est une pratique aussi quotidienne qu'anodine, presque reléguée au second plan dans un monde frénétique dominé par les transports motorisés, où le paysage est plus observé rapidement que physiquement perçu. La marche réactive les sens et permet d'observer le monde d'un point de vue plus proche de la « vérité palpitante » de la vie, sans médiation et sans rythme imposé. Le lien entre l'esprit, le corps et le monde produit par la marche bipède avait déjà été souligné par Rebecca Solnit dans son *History of Walking* (2000), le livre fondateur de toutes les revalorisations sociales, politiques et culturelles des pratiques liées à la marche, de la marche dans la nature à la marche protestataire, soulignant la relation entre effort physique et liberté de pensée :

> Walking, ideally, is a state in which the mind, the body and the world are aligned, as though they were three characters finally in conversation together, three notes suddenly making a chord. Walking allows us to be in our bodies

---

3 « Sa vision du monde est la plus proche qu'on puisse imaginer de la vérité palpitante, chaotique et indifférenciée de la vie. Quand il veut se retourner, il se retourne : pour jeter un coup d'œil à l'autre côté des choses. Quand il veut s'arrêter, il s'arrête : il n'a qu'à interrompre le rythme des pas. S'il voit quelqu'un et veut lui parler, il n'a qu'à décider d'aller à sa rencontre. Pour éviter les obstacles, il n'a pas besoin de les prévoir bien à l'avance : il doit juste faire attention à l'endroit où il pose ses pieds, mais il est rare que cette opération gêne véritablement sa vue. Ainsi, pendant que ses jambes le transportent d'un endroit à l'autre, sans solution de continuité, le paysage prend forme sous ses yeux, et il est une coalescence indistincte d'arrière-plans et de détails : […] ce n'est que quand nous marchons que notre façon de regarder s'approche de la réalité indissoluble du monde. »

> and in the world without being made busy by them. It leaves us free to think without being wholly lost in our thoughts. (Solnit 2001 : 5[4]).

Ainsi, la marche est un acte de reconfiguration holistique de la relation qui lie le *je* et le monde, et c'est pourquoi l'analyse de Solnit aborde à la fois les aspects sociopolitiques et artistiques-littéraires, pour démontrer combien la mobilité physique est étroitement liée à la sociabilité et à la représentation de l'espace. En fait, l'auteure américaine – critique d'art et médiatrice culturelle de la côte ouest – reconstruit l'histoire de la marche dans les cultures occidentales à partir des poètes romantiques anglais, comme Wordsworth qui, avec sa sœur, fut l'un des fondateurs d'une tradition de marche pour raisons esthétiques (Solnit 2001) qui a profondément marqué la vision du paysage au XIXe siècle, en passant par le traité de William Hazlitt, *On Going a Journey* (1821), qui est décrit comme le premier essai consacré à la marche, fixant les paramètres des différentes promenades « dans la nature », et qui fournit une base critique pour le genre du récit ambulatoire. Ce sont les prémisses nécessaires pour aborder *Walden* (1854) de Thoreau, le célèbre récit des aventures de l'écrivain américain dans les bois du Massachusetts, qui se présente comme le tournant fondamental pour penser « l'art de marcher ».

Si conceptuellement les principes de la marche sont toujours les mêmes que ceux du XIXe siècle, les écrivains-marcheurs du nouveau millénaire préfèrent ne pas brider leurs voyages d'une superstructure théorique excessive, préférant de leur côté la relation directe avec la marche pour se concentrer sur l'expérience concrète du voyage, jour après jour. Ce n'est qu'une fois arrivés à destination qu'ils réélaborent les impressions survenues au cours du voyage, en approfondissant les histoires partielles recueillies en marchant et en étendant le récit à tout ce qui tourne autour de la voie principale. L'écriture ambulatoire, comme nous le verrons, se caractérise par une duplicité intrinsèque, puisqu'elle prend en compte à la fois le caractère concret du voyage (la physionomie du territoire et les conditions physiques du marcheur) et la réflexion sur le voyage, élargissant le récit à des histoires inattendues.

Les écrivains-marcheurs considérés ici sont différents les uns des autres mais tous ont eu au moins une fois l'expérience de la marche sur une voie

---

4 « Idéalement, marcher est un état où l'esprit, le corps et le monde se répondent, un peu comme trois personnages qui se mettraient enfin à converser ensemble, trois notes qui soudain composeraient un accord. Marcher nous permet d'habiter notre corps, sans nous laisser accaparer par eux. Nous sommes libres, alors, de penser sans pour autant nous perdre entièrement dans nos pensées » (Solnit 2004 : 12).

antique italienne : Enrico Brizzi, de Bologne, s'est spécialisé ces dernières années dans le récit de longues marches à travers l'Europe (Francigena et Saint-Jacques-de-Compostelle) ; Wu Ming 2 (Giovanni Cattabriga), de Bologne, membre d'un collectif d'écrivains, a initié un grand projet de re-narration des voies existantes (Via degli Dei) ; Paolo Rumiz, de Trieste, le plus expérimenté des trois, s'est toujours intéressé aux reportages et aux récits de voyage, se consacrant récemment à la redécouverte de voies antiques oubliées (Appia Antica). Le but de cette contribution est de donner un aperçu général des œuvres que ces trois auteurs, avec des résultats différents, ont consacrées aux voies antiques italiennes, et de donner des pistes pour réfléchir à la relation actuelle entre les Italiens et le territoire qu'ils habitent, entre les Italiens et les histoires qu'ils oublient ou qu'ils font semblant de ne pas connaître.

En chemin

L'une des voies antiques les plus importantes d'Europe est sans aucun doute la Via Francigena, qui va de Canterbury à Rome, menant les pèlerins à la Basilique de Saint-Pierre. La voie suit l'itinéraire du voyage entrepris par le prélat saxon Sigeric en 990 pour recevoir du Pape le *pallium* correspondant à son grade d'archevêque de la ville anglaise. La reconstruction de l'itinéraire est due à l'historien anglais William Stubbs qui, en 1874, publie un livre dans lequel il énumère toutes les étapes du long voyage de Sigeric. Une fois la tradition du pèlerinage tombée en désuétude, la route de la Via Francigena a été oubliée et enterrée par négligence. Ce n'est qu'à la fin des années 1990 qu'elle est redécouverte grâce au travail d'un groupe de randonneurs italiens, à qui on doit le premier guide de la voie antique, consacré tout particulièrement à la section italienne[5].

Au printemps 2006, Enrico Brizzi décide d'entreprendre le voyage avec son ami photographe Valerio Gnesini pour redécouvrir la voie dans son intégralité, du Kent à Rome, ne progressant pas autrement qu'à pied et – à certains endroits – à vélo. Le résultat est un voyage de 1700 km composé de 32 étapes de marche à pied et de 13 à vélo, parsemé de rencontres avec des amis et avec divers personnages, qui les ont accompagnés lors de certaines étapes. Le livre *I diari della Via Francigena* (2010) est présenté par l'auteur comme la « cronaca fedele[6] » du voyage à partir des notes

---

5 Voir le *Guida alla via Francigena*, D'Atti et Cinti (dir.), 2004 ; pour un approfondissement historique, voir aussi Caucci et Asolan 2009.

6 « Chronique fidèle. »

prises d'étape en étape, notes qui ont été en partie publiées sous le titre *Diari* en cinq épisodes dans le magazine *Espresso*. L'objectif déclaré est de faire en sorte que « siano sempre più numerosi gli appassionati disposti a progettare e realizzare la propria personale Via di Sigerico[7] », et ce à travers quatre Etats (Angleterre, France, Suisse, Italie). Le résultat est un livre composite, écrit à plusieurs mains – en plus de Brizzi, Marcello Fini, co-directeur de la collection « A passo d'umo » pour l'éditeur Ediclo – et qui réunit des éléments hétérogènes : l'alternance des chapitres écrits par Brizzi, c'est-à-dire le récit en cinq parties du voyage, *Mille miglia nella storia* et le *Guida pratica : da Canterbury a Roma a forza di gamba*, avec ceux écrits par Fini, c'est-à-dire les fiches techniques *Sulle tracce di chi ci ha preceduto* e *A spasso nella storia*, auxquelles s'ajoutent les photos de Gnesini qui documente le voyage.

Dès les premiers pas à Canterbury, il est clair qu'il ne s'agit pas seulement d'une randonnée, mais aussi d'un voyage historique et culturel, car le protagoniste est prédisposé à observer le paysage et à écouter attentivement les histoires qui émergent d'une étape à l'autre, comme il se l'avoue en utilisant le « tu » : « Se vuoi conoscere un posto, devi viaggiare leggero. A piedi o, al massimo, in sella a una bicicletta. E per conoscere sul serio un posto antico e complicato come l'Europa, forse non c'è altra scelta che prendersi tutto il tempo che serve e ascoltarne con devozione le voci[8] » (Brizzi 2010 : 22). Et c'est dans cette perspective que les premières questions qui surgissent dans l'esprit du narrateur, quand il observe une plaque en céramique apposée sous la voûte de la Porte d'Ardon, près de la chapelle des Templiers de Laon, indiquant les distances des villes de Reims, Saint-Jacques-de-Compostelle, Jérusalem et Rome et qui dit « Vous êtes à la porte de toutes vos randonnées », ne peuvent concerner que le statut du voyageur : « Cos'è oggi, in una società scollata dal senso del sacro, un pellegrinaggio ? Cos'è un ospite ? Cosa un forestiero ?[9] » (*ibid.* : 28). Les questions sont à la base du voyage, car l'écart entre le pèlerin traditionnel et le *viandante* contemporain est beaucoup plus tangible lorsque l'on emprunte un itinéraire semi-oublié, tracé pour des raisons religieuses, puis sauvé de l'oubli par les randonneurs laïcs. Le narrateur apporte

---

7 « [...] les passionnés prêts à concevoir et à mettre en œuvre leur propre Via di Sigerico personnelle soient de plus en plus nombreux. »

8 « Si tu veux connaître un lieu, tu dois voyager léger. À pied ou, tout au plus, sur la selle d'un vélo. Et pour connaître vraiment un endroit aussi vieux et compliqué que l'Europe, il n'y a peut-être pas d'autre choix que de prendre tout le temps dont tu as besoin et d'écouter ses voix avec dévotion. »

9 « Qu'est-ce qu'un pèlerinage aujourd'hui, dans une société coupée du sens du sacré ? Qu'est-ce qu'un hôte ? Qu'est-ce qu'un étranger ? »

aussi sa contribution à la cause en laissant un signe de son passage – des autocollants rouges avec les mots « Via Francigena » – pour aider les futurs « pèlerins » à s'orienter le long du chemin : « È il vostro piccolo contributo al progetto della strada per Roma, ma bisogna fare attenzione, e piazzarli lontano da occhi indiscreti : c'è sempre qualcuno pronto a equivocare, e a scambiare i pionieri per vandali[10] » (*ibid.* : 52). L'utilisation du « vous » augmente l'effet de partage du récit de voyage, dans le but d'intensifier la relation avec les lecteurs qui, s'ils lisent le livre, sont sur le point de partir ou sont déjà en chemin, sur les traces de l'écrivain, qui à son tour a retrouvé celles de Sigeric. Le long d'une voie antique, en réalité, on n'est jamais seul, comme en témoignent les nombreuses rencontres décrites dans le livre. La rencontre, qui a lieu pendant la montée du col du Gran San Bernando, entre Suisse et Italie, avec le « pèlerin tatoué » Bern, qui deviendra le protagoniste du roman *Il pellegrino dalla braccia d'inchiostro* (2007) et du roman graphique du même nom conçu par Maurizio Manfredi en 2009, est d'une importance fondamentale :

> L'unico ospite dell'abbazia oltre a voi è un tedesco di mezza età dallo sguardo irrequieto, tatuato dai polsi fino al collo. Avete avuto modo di conoscerlo mentre consumavate la cena : si chiama Bernhard detto Bern, arriva da Stoccarda ed è diretto anch'egli al passo che porta il nome del suo santo protettore, Bernardo. Da lassù, spera di scendere in Piemonte per venerarne le spoglie. È il suo secondo pellegrinaggio a piedi, il primo da quando ha perso il lavoro in una ditta di purificazione delle acque, e conversando passa con disinvoltura dalle sue letture di Cusano all'agenda estiva dei principali concerti per órgano ; prima della fine della cena lo vedete ridere e piangere calde lacrime al ricordo del suo arrivo a Santiago. (*Ibid.* : 78[11])

Pour Brizzi, Bern est le symbole du pèlerin contemporain, qui entame le chemin comme un défi personnel pour échapper aux problèmes de la vie

[10] « C'est votre petite contribution au projet de la route de Rome, mais il faut être prudent, et les placer loin des regards indiscrets : il y a toujours quelqu'un capable de mal comprendre, et de prendre les pionniers pour des vandales. »

[11] « Le seul invité de l'abbaye en dehors de vous est un Allemand d'âge moyen à l'air agité, tatoué des poignets jusqu'au cou. Vous avez déjà eu l'occasion de faire sa connaissance pendant le repas. Il s'appelle Bernhard, dit Bern, il vient de Stuttgart et il se dirige également vers le col qui porte le nom de son saint patron, Bernardo. De là-haut, il espère descendre au Piémont pour vénérer ses restes. C'est son deuxième pèlerinage à pied, le premier depuis qu'il a perdu son emploi dans une entreprise de purification de l'eau, et au fil de la conversation, il passe avec désinvolture de ses lectures de Cusano à la programmation estivale des principaux concerts d'orgue ; avant la fin du dîner, on le voit rire et pleurer à chaudes larmes au souvenir de son arrivée à Saint-Jacques-de-Compostelle. »

quotidienne et retrouver une partie de lui-même. Il trouve la composante mystique du voyage à travers la fatigue de l'ascension du sentier qui mène au sommet et qui porte le nom du saint patron et, aussi, par la relation qu'il établit entre la légende de l'apôtre Jacques et les marques indélébiles qu'il porte sur son corps en souvenir de son voyage à Saint-Jacques-de-Compostelle. Bern explique que sa motivation de se faire tatouer le dos entier avec l'image de Saint Jacques à cheval tuant les Maures en Espagne, réside entre le sacré et le profane : « I santi sono come ponti fra noi e il cielo, e anche essere pellegrini è come camminare su un ponte[12] ». Brizzi est fasciné par l'histoire étrange de Bern, même s'il n'en partage pas les aspects mystiques, alors qu'il sent qu'il peut partager la comparaison qu'il fait entre le pèlerin et le pont, car dans son expérience, marcher le long d'une voie antique équivaut à relier deux points dans l'espace, Canterbury et Rome dans ce cas, mais aussi plusieurs points dans le temps, c'est-à-dire toutes les histoires des pèlerins à partir de Sigeric et après lui. Pour cette raison, vers la fin du voyage, après avoir atteint San Quirico d'Orcia en Toscane, il peut admettre enfin qu'il ne fait plus qu'un avec le chemin :

> Camminare ormai è la vostra natura, e il nome della centenaria palestra di quartiere che frequentavate da ragazzini, la Società ginnastico-educativa *Sempre Avanti !*, per voi è diventato qualcosa di simile a un motto. Tanto vale macinare strada al mattino presto, guadagnare il più presto possibile il posto-tappa intermedio e, già verso le due, puntare sull'obiettivo serale. Anticipate i tempi. Per dialogare meglio con il passato, è chiaro, e prendere in contropiede le beffe del futuro[13].

Après 61 jours de voyage, le narrateur sent qu'il a incarné l'essence du pèlerin, sa fatigue, la douleur physique et le désir d'atteindre son but. Arrivé à Sutri, il peut enfin affirmer l'évaporation du soi, un changement indélébile qui n'a rien de religieux ni de mystique, qui se résume dans la phrase « Io non sono più io[14] », prononcée quand il prend conscience du fait que « se sei voluto partire lungo un itinerario ritenuto sacro, non

---

12 « Les saints sont comme des ponts entre nous et le ciel, et de même, être pèlerin c'est comme marcher sur un pont. »

13 « Marcher est maintenant dans votre nature, et le nom du gymnase de quartier que vous avez fréquenté quand vous étiez enfant, la Société éducative de gymnastique *Sempre Avanti !* est devenue pour vous une sorte de devise. Autant prendre la route tôt le matin, gagner le plus tôt possible l'étape intermédiaire et, déjà vers deux heures, viser l'objectif du soir. Anticipez. Pour mieux dialoguer avec le passé, bien sûr, mais aussi pour prendre le contrepied des tours que nous réserve l'avenir. »

14 « Je ne suis plus moi. »

era per domandare qualcosa, ma semplicemente per rendere grazie[15] » (*ibid.* : 138-139). À la fin de la partie narrative – suivie par la partie documentaire du livre – l'écrivain sent qu'il est devenu un véritable « pèlerin », non pas pour des raisons religieuses mais du fait de l'union des aspects athlétiques de la marche et des aspects psychologiques liés à l'expérience vécue pendant les longues heures d'exercice. Le chemin a été emprunté non pas tant pour demander grâce que pour rendre grâce pour l'existence même du trajet, dont le fondement chrétien se retrouve surtout dans les lectures de grands classiques de l'histoire chrétienne (comme Girard). Brizzi fournit donc à l'apprenti pèlerin un volume composite, qui n'est pas seulement un guide de voyage contenant toutes les informations utiles pour faire face aux difficultés de l'itinéraire, mais aussi un journal expérientiel à travers lequel il est possible de suivre le changement progressif dans la subjectivité de l'auteur. Cette nouvelle perspective influence toute l'activité de Brizzi, qui depuis 2004 s'est consacré presque entièrement à l'écriture ambulatoire, traversant la péninsule et l'Europe de part et d'autre[16] et créant une association de marcheurs, les Psychoathlètes.

En 2011, à l'occasion du 150e anniversaire de l'unification de l'Italie, Brizzi accomplit un voyage à travers tout le pays, du Haut-Adige à la Sicile, avec un groupe d'amis qui se font appeler les « psychoathlètes », comme on peut le déduire du titre du volume homonyme[17]. L'itinéraire est inspiré, entre histoire et légende, par le premier voyage effectué en 1861 par la Société Nationale de Psychoathlétisme, la plus ancienne organisation italienne dédiée au voyage à pied, fondée, dans une Italie tout juste unifiée, par trois hommes très étranges, autour desquels s'était réuni un groupe conséquent d'associés, qui se disaient « bons cousins » : le garibaldien Lombard Mario Valsecchi, le gymnaste noble piémontais Federico Taumann et l'occultiste napolitain Samuele Pintor. Afin d'entamer ce nouvel itinéraire, appelé *Italica 150. Viaggio a piedi dalla vetta d'Italia a Capo Passero nel centocinquantesimo anno dell'Unità nazionale*[18], Brizzi et ses amis refondent la Société de Psychoathlétisme, reprenant les armoiries et les règles clés de la discipline, comme l'ont exposé les trois pionniers dans le célèbre petit livre *Fondamenti di psicoatletica* :

---

15 « Si tu as décidé de partir le long d'un itinéraire considéré comme sacré, ce n'était pas pour demander quelque chose mais simplement pour rendre grâce. »

16 Voir Brizzi 2005 ; 2009 ; 2016a ; 2016b ; 2017.

17 Brizzi 2011 ; voir aussi Brizzi, Fini, Zamuner 2011, et le site www.psicoatleti.org.

18 « Italica 150. Voyage à pied du sommet de l'Italie jusqu'à Capo Passero pour la 150e année de l'Unité Nationale. »

> Camminerai dalla partenza prefissata alla meta, facendo affidamento sulla forza delle tue gambe e sui Buoni Cugini. Porterai in spalla il tuo bagaglio, il coltello alla cintura e nella destra il bastone da passeggio. Saluterai gli sconosciuti e li tratterai come amici. Se in campagna porterai armi per la tua difesa, le riporrai nel bagaglio all'ingresso negli abitati. Non porterai più cibo di quanto serve per nutrirsi una giornata. Non mangerai né dormirai in luoghi lussuosi. Non porterai donne prezzolate nei quartieri notturni. In viaggio, condividerai ogni bene con i Buoni Cugini. Non vivrai nella Grande foresta con la nostalgia di Babilonia. Non sarai del mondo, finché non tornerai al mondo[19].

Ce sont les principes avec lesquels le groupe de « psychoathlètes » contemporains s'engagent dans les quatre-vingt-dix étapes du parcours pour un total de 2191 km, traversant verticalement la péninsule italienne, unifiée depuis 150 ans mais encore inconnue à elle-même, encore arc-boutée sur la défense des communes et de petites parcelles de terrain. Il ne s'agit pas strictement d'une « voie antique », mais d'une manière ou d'une autre, cela fait partie du projet de l'auteur de parcourir la province italienne pour aller dénicher des histoires actuelles et des légendes qui sont noyées dans l'oubli. Le livre est construit par l'alternance de chapitres qui racontent l'histoire de la Société Nationale de Psychoathlétisme et de chapitres qui fournissent le récit du voyage « Italica 150 », témoignant de la perplexité et de l'enthousiasme du groupe des quadragénaires en crise d'identité, dans un pays où ils ne se reconnaissent plus guère. La discipline du psychoathlétisme combine deux besoins fondamentaux du marcheur : l'effort physique et la réflexion sur soi dans l'action. L'introspection naît lorsque le corps est mis à l'épreuve dans un environnement naturel, pas toujours hospitalier, sur un chemin déjà parcouru par d'autres hommes, riche de nombreuses histoires. Ce n'est que grâce à la fatigue du corps que l'on peut purifier l'esprit des pensées futiles et quotidiennes, pour se concentrer sur les problèmes de contingence (les difficultés inhérentes à la marche) et sur les questions profondes de l'être humain.

---

19 « Tu marcheras depuis le départ et jusqu'à l'arrivée en comptant sur la force de tes jambes et de tes bons cousins. Tu porteras tes bagages sur tes épaules, ton couteau à la ceinture et le bâton à main droite. Tu salueras les étrangers et tu les traiteras comme des amis. Si tu apportes des armes pour ta défense entre deux étapes, tu les remettras dans tes bagages lorsque tu entreras dans les villages. Tu n'apporteras pas plus de nourriture qu'il n'en faut pour te nourrir un jour. Tu ne mangeras pas et tu ne dormiras pas dans des endroits luxueux. Tu n'amèneras pas de mérétrices dans les quartiers nocturnes. Sur la route, tu partageras tout avec tes bons cousins. Tu ne vivras pas dans la Grande Forêt avec la nostalgie de Babylone. Tu n'appartiendras pas au monde tant que tu n'y feras pas retour. »

Le voyage à travers la péninsule, des montagnes aux îles, est guidé par un seul but obsessionnel, qui est répété comme un mantra par le protagoniste : « Voglio vedere dove comincia l'Italia, dove finisce, e tutto quello che c'è in mezzo[20] ». C'est un but aussi fou et irréalisable que nécessaire pour surmonter les difficultés du chemin. Il n'est pas possible de voir tout ce qui se trouve « in mezzo » de l'Italie, mais en même temps le projet ambitieux n'existe qu'en fonction du désir d'une cartographie complète de l'espace national, en quête d'une identité individuelle et collective qui ne s'est pas encore matérialisée. Pour cette raison, le protagoniste, en montant vers la Vetta d'Italia pour commencer la première étape, dit que :

> È una frase che ti ronza in testa da quando hai imparato che, per conoscere un posto, non c'è niente di meglio che traversarlo a piedi. La ripeti a mezza voce, come un mantra, mentre impugni daccapo i bastoncini e prendi a salire a zig-zag verso il confine, sospinto dalle chiacchiere ormai prossime dei tuoi amici. (Brizzi 2011 : 116[21])

Le but du voyage est de réactiver une connaissance du territoire à travers la marche, par la redécouverte des itinéraires pédestres importants du point de vue historique, culturel, spirituel, artistique et naturaliste, qui traversent le territoire italien, donnant naissance à un projet plus vaste, y compris au niveau européen, qui vise à retracer les routes antiques des pèlerins, des *viandanti*, des armées, des hommes de foi et de culture, qui constituent un grand patrimoine national. Le psychoathlète est donc un voyageur qui entame un chemin qui n'est pas qu'une simple activité sportive mais aussi une immersion dans sa propre psychè et dans l'inconscient collectif du paysage qu'il parcourt, pour se redécouvrir lui-même et pour en redécouvrir les innombrables stratifications culturelles.

Vers la fin du voyage, une conscience de soi plus profonde et une connaissance plus large du territoire italien coïncident dans un mélange de psychanalyse portable et d'aventure culturelle, qui donnent aussi un sens à l'invention de la légendaire Société Nationale de Psychoathlétisme, comme l'identification d'une mythopoïèse nécessaire pour distinguer leur acte de marche de celui du randonneur professionnel ou du simple marcheur

---

20 « Je veux voir où commence l'Italie, où elle finit, et tout ce qui se trouve au milieu. »

21 « C'est une phrase qui bourdonne dans ta tête depuis que tu as appris que, pour connaître un endroit, il n'y a rien de mieux que de le traverser à pied. Tu le répètes à voix basse, comme un mantra, pendant que tu empoignes de nouveau les bâtons et que tu commences à zigzaguer vers la frontière, poussé par l'attente des paroles de tes amis. »

du dimanche. Le voyage des « psychoathlètes » a changé leur perception d'eux-mêmes, leur offrant une vision plus large du monde :

> Insieme all'Italia, stai imparando a conoscere gli italiani, compreso quello che porta il tuo nome e cammina nelle tue scarpe. È un tipo silenzioso capace di molte sorprese. Da qualche tempo si sta inoltrando senza guardarsi indietro attraverso territori sconosciuti, e non è dato sapere cosa s'inventerà da qui all'arrivo. (*Ibid.* : 353[22])

Le narrateur donne naissance à un alter ego marcheur avec lequel il entame un dialogue profond à travers des territoires psychiques inconnus et imprévisibles semblables aux territoires physiques qu'il traverse au prix de beaucoup d'énergie. Dans cette perspective, les signes naturels offerts par un paysage inconnu et les signes culturels produits par la stratification des histoires, des traditions et des mythes se condensent dans les cartes de tarot qui apparaissent parfois dans le texte – en référence évidente à la stratégie mise en place par Calvino dans le *Château des destins croisés* – dont le point culminant est la carte du soleil, symbole ultime et unifiant de tout le voyage ; comme le dit un vieux monsieur à la barbe blanche lors d'une rencontre surréelle vers la fin de l'histoire.

> Abbiamo paura dei morti, e onoriamo a malavoglia i nostri cari estinti dentro gelidi cimiteri, quando saremmo in grado di averli a fianco e sentirci sollevati, a leggere nei loro occhi le nostre stesse domande [...]. Interrogare le carte dei tarocchi, che gli stolti ritengono strumento da fattucchieri, in realtà ti ricorda che stai camminando lungo lo stesso sentiero percorso dal padre di tuo padre : le belle sorprese e le pietre d'inciampo che ti capita d'incontrare sono le stesse che ha visto lui. Per questo non si è mai soli lungo la strada. (*Ibid.* : 505[23])

Le vieil homme n'est autre que l'un des fondateurs du psychoathlétisme qui visite le narrateur en rêve, endormi sur la plage de Marzamemi, pour lui

---

22 « Avec l'Italie, tu apprends à connaître les Italiens, y compris celui qui porte ton nom et qui marche dans tes chaussures. C'est un type silencieux capable de te surprendre. Depuis quelque temps déjà, il avance sans regarder en arrière et sans se retourner sur des territoires inconnus, et on ne sait ce qu'il va inventer d'ici à l'arrivée. »

23 « Nous avons peur des morts, et nous honorons à contrecœur nos chers disparus dans des cimetières gelés, alors que nous pourrions les avoir à nos côtés et nous sentir soulagés, pour lire dans leurs yeux nos propres questions [...]. Interroger les cartes de tarot, que les imbéciles considèrent comme l'instrument des sorciers, te rappelle en fait que tu marches sur le même chemin que le père de ton père : les belles surprises et les obstacles que vous rencontrez sont les mêmes que ceux qu'il a vu. C'est pourquoi tu n'es jamais seul sur la route. »

révéler le sens profond du voyage : suivre la trace des pères et redécouvrir ces traces invisibles, qui peuvent laisser à leur tour une empreinte du passage sur ces chemins italiens. Le psychoathlétisme n'est donc pas seulement une discipline qui vise à étudier les effets de la marche sur le psychisme humain et les nouvelles identités qui peuvent émerger, mais il ambitionne surtout d'attirer l'attention des Italiens, qu'ils soient des marcheurs ou non, sur l'ignorance de ceux qui habitent le pays de la richesse et de la variété des cultures locales.

Le premier chemin emprunté par Wu Ming 2 (Giovanni Cattabriga) est la Via degli Dei, la route qui relie Bologne à Florence, sur une longueur totale d'environ 130 km, déjà tracée par les Étrusques au VIIe siècle avant J.-C. sur la crête entre les rivières Setta et Savena et utilisée par les Romains en 187 avant J.-C. par le Consul Caius Flaminius, et donc appelée, pour cette raison, Flaminia Militare (à ne pas confondre avec le sentier des dieux sur la côte Amalfitaine qui relie en dix kilomètres Agerola à Positano). La voie doit son nom aux montagnes à travers lesquelles l'itinéraire serpente, qui portent toutes des noms de dieux païens : Monte Adone, Monzuno (Mons Iovis, Montagne de Zeus), Monte Venere, Monte Luario (Lua était la déesse romaine de l'expiation). Longtemps, la route a été délaissée, mais à la fin des années 1980, un groupe de randonneurs de Bologne a créé un itinéraire de 4 ou 6 étapes, qui suit principalement les anciens tracés, étrusque et romain, et a élaboré également le guide qui fait encore référence (*La Via degli Dei*, 2007). La redécouverte a fait de la voie, pas trop difficile et bien balisée, l'une des principales attractions touristiques de l'Apennin tosco-émilien pour les amateurs de trekking et de VTT, mais aussi pour les randonneurs moins expérimentés.

Une telle fortune rend le parcours particulièrement stimulant pour l'écrivain du collectif Wu Ming, qui a fait de la contre-narration un des principes fondateurs de la recherche littéraire et de l'activisme politique. Le récit proposé par Wu Ming 2 offre une autre clé pour comprendre un chemin parcouru par tant de personnes chaque année, qui souvent ne sont au courant ni de son histoire ancienne ni de son histoire récente, et qui ignorent tout particulièrement l'histoire des chantiers du TAV, le train à grande vitesse qui relie Florence et Bologne, qui ont percé les Apennins pour rendre plus rapide les connexions, sans se soucier aucunement du territoire. L'auteur exprime explicitement son intention dans la note initiale, dans laquelle il décrit la composition du volume, où le récit des cinq étapes alterne avec autant d'interludes narratifs autonomes (les « nocturnes ») :

> Una buona parte di questo libro denuncia le « emergenze ambientali » che affliggono l'Appennino tra Bologna e Firenze, in particolare quelle legate ai lavori per il treno ad alta velocità [...]. Tuttavia, per quanto documentato, l'autore non è né un tecnico né un giornalista. Sarebbe dunque difficile affermare che questo è un saggio, un reportage o un'inchiesta. (Wu Ming 2 2010 : 7-8[24])

L'intention explicite est de dénoncer la dévastation produite par l'intervention de l'homme sur le paysage, beaucoup plus profonde qu'il n'y paraît aux yeux d'un grand nombre de personnes qui admirent les beautés de la nature, en apportant des éclairages qui font d'un chemin non pas un simple chemin mais aussi une occasion de questionner la relation entre l'Homme et la Nature. Ainsi, l'écrivain mêle son expérience personnelle (il suit le chemin à deux reprises : 25-29 septembre 2002 et 1-5 octobre 2009) et les perceptions sensorielles du protagoniste Gerolamo (pas exactement son alter ego) avec les données et les informations obtenues à partir de documents officiels et d'enquêtes sur l'état du territoire. Par conséquent, le livre se caractérise – comme l'explique l'auteur – par son caractère hybride et inclassable : ce n'est pas un guide pour les randonneurs, ce n'est pas un roman, ce n'est pas une collection de courts récits, ce n'est pas un carnet de route. Il possède toutes les caractéristiques canoniques du genre odéporique – la scansion temporelle du journal intime, la scansion spatiale de l'itinéraire en étapes, la description des lieux traversés, le récit de la vie quotidienne dans une situation inhabituelle – mais en même temps, il oscille entre l'essai historique et culturel, le reportage de voyage et l'enquête sociopolitique. En tout état de cause, il ne peut être réduit à aucun de ces genres et son point fort est précisément d'être inclassable.

Le principe qui guide le voyage est exprimé dans la citation en exergue, tirée d'un essai du géographe Eugenio Turri : « Ogni atto sul territorio è un atto politico[25] » (Turri 2002). Ainsi, de même que la transformation du paysage mise en œuvre par le réseau ferroviaire italien dans la construction du TAV est un acte politique qui ne prend en compte que les intérêts économiques liés aux grands travaux d'infrastructures (78,5 km, dont 73,3 km de tunnel ; temps de parcours : 35 minutes), de même, marcher sur la voie antique qui longe les tunnels du TAV est un acte politique de

24 « Une bonne partie de ce livre dénonce les "urgences environnementales" qui affligent l'Apennin entre Bologne et Florence, en particulier celles liées aux travaux du train à grande vitesse [...]. Cependant, bien qu'il se soit documenté, l'auteur n'est ni technicien, ni journaliste. Il serait donc difficile de dire qu'il s'agit d'un essai, d'un reportage ou d'une enquête. »

25 « Tout acte sur le territoire est un acte politique. »

sensibilisation et de partage des impacts des interventions irréversibles sur le paysage qui ne peuvent être vues depuis les fenêtres du train. Les deux expériences de marche de l'écrivain (2002 et 2009) entremêlent deux phases différentes des chantiers ferroviaires, entamés en 1996 et clôturés en 2008 – l'inauguration officielle a lieu le 24 mars 2009 –, permettant de voir quel type d'agression sur le paysage était en cours, sans que ni de la conformation géologique de ces lieux, ni les animaux, ni les hommes qui y habitaient ne soient protégés, comme le révèle Gerolamo à son ami Nico qui va l'accompagner pour la première partie du parcours :

> Tra poco più di due mesi, un treno da trecento chilometri all'ora andrà da Bologna a Firenze quasi tutto in galleria. Per preparargli la strada c'è stata una guerra, con già molti caduti tra esseri umani, alberi, animali, fiumi e sorgenti. Ora il passaggio dei vagoni rischia di fare altre vittime e io vorrei avvisarle del pericolo, prima che sia troppo tardi. (Wu Ming 2 2010 : 21[26])

La mission première de Gerolamo n'est pas de « faire du trekking », une simple pratique sportive et récréative, mais d'avertir les gens qui y vivent du danger imminent, un danger environnemental qui a des répercussions sur la vie quotidienne, brisant ainsi l'indifférence générale de la politique et de la presse. Dès la première étape, de Piazza Maggiore (Bologne) à Badolo (Sasso Marconi), Gerolamo s'interroge sur la signification de la marche, du point de vue d'un non-expert, en observant quelques pèlerins présumés qui montent dans le bus pour le Santuario della Madonna di San Luca, car Nico lui fait remarquer que le pèlerin véritable voyage à pied non pas tant par pénitence, que pour le fait suivant :

> Quando cammini, tu sollevi una gamba e sposti il baricentro in avanti, fuori dalla base d'appoggio. Fai tutto quello che serve per cadere, e cadresti, se non fosse che all'improvviso ti puntelli appoggi il piede e subito ti sbilanci di nuovo. È l'unico modo di spostarsi adottato dall'uomo che si basi su una perdita d'equilibrio : spingere il centro di gravità oltre il limite di sicurezza. Senza questo, un vero pellegrinaggio non comincia neppure. (*Ibid.* : 35[27])

---

26 « Dans un peu plus de deux mois, un train allant à trois cents kilomètres à l'heure reliera Bologne à Florence, presqu'entièrement dans un tunnel. Pour lui préparer la voie, il y a eu une guerre, pendant laquelle beaucoup d'hommes, d'arbres, d'animaux, de rivières et de sources sont morts sur le champ de bataille. Aujourd'hui, le passage des wagons risque de faire d'autres victimes et je voudrais les mettre en garde contre ce danger, avant qu'il ne soit trop tard. »

27 « Lorsque tu marches, tu soulèves une jambe et tu déplaces ton centre de gravité vers l'avant, hors de ta surface de sustentation. Tu fais tout ce qu'il faut pour tomber, et tu tomberais, n'était le fait que soudain tu reprennes appui sur ton pied et puis, tout de

Toute marche, qu'elle qu'en soit la raison, même politico-environnementale, conduit nécessairement à s'interroger sur le sens de marcher, l'acte même d'avancer pas à pas sur un sentier changeant et incertain, de mettre en pratique un acte aussi naturel que complexe, que tout homme apprend peu à peu, commettant de nombreuses et inévitables erreurs de posture, jusqu'à atteindre un équilibre délicat, comme c'est le cas avec le langage. La narration de Wu Ming 2, à travers les voix de Gerolamo, de Nico et des autres personnages qu'ils rencontrent au fil des étapes, repose sur l'interrogation constante du paysage et la possibilité de le raconter, sans jamais laisser place au pittoresque mais en faisant attention à la stratification historico-culturelle du paysage. La description de l'itinéraire est toujours un prétexte à l'investigation historiographique, qui ne se limite pas à l'historiographie officielle mais qui cherche à stimuler des contre-narrations inédites, oubliées ou englouties. À propos du massacre du Rio Conco du 7 septembre 1944 (deux partisans de la Brigade de la Stella Rossa tuent deux soldats allemands ; 15 civils sont abattus en représailles), les deux marcheurs s'interrogent sur la version la plus fiable de l'événement controversé, mais ils ne trouvent pas d'interprétation commune. Alors Gerolamo affirme le principe sous-jacent des narrations contemporaines qu'on appelle « néohistorique » : « basterebbe aprire le finestre, dare ossigeno agli archivi, e non cercare tanto la storia giusta, quanto la giusta voce per raccontarle tutte » (*ibid.* : 41[28]). Raconter à nouveau des histoires oubliées et soi-disant archivées, relire, à l'aune de perspectives nouvelles, des événements qui, dans l'immédiat, étaient inextricables, c'est ainsi qu'on donne de l'oxygène à des documents qui ne sont plus consultés. Ainsi la narration portant sur la Via degli Dei devient une sorte d'évocation d'histoires qui se cachent dans le paysage, de fantômes qui refont surface et qui doivent être entendues pour qu'on puisse mieux comprendre le présent. En particulier, ce sont des fantômes de la Seconde Guerre mondiale (les histoires des partisans italiens ont toujours été au centre de la fiction de Wu Ming), la mémoire refoulée du conflit qui a modelé le paysage des Apennins, dont les signes restent parfois cachés. Marcher sur les mêmes chemins que les partisans et les estafettes donne plus de force au récit, qui s'appuie non seulement sur des livres et des histoires orales mais aussi sur l'expérience directe des lieux, en adaptant au rythme des pas l'effort pour raconter à nouveau la mémoire contestée.

---

suite, que tu te mettes à nouveau en déséquilibre. C'est la seule façon de se déplacer adoptée par l'homme qui repose sur une perte d'équilibre : pousser le centre de gravité au-delà de la limite de sécurité. Sans cela, un vrai pèlerinage ne commence guère. »

28 « Il suffit d'ouvrir les fenêtres, d'oxygéner les archives et pas forcément de rechercher la bonne histoire, mais de chercher la bonne voix qui les raconte toutes. »

Lorsque Gerolamo se rend au cimetière allemand du col de la Futa, où sont enterrés 32 000 soldats morts dans toute l'Italie pendant la Seconde Guerre mondiale et qui sont maintenant surveillés par des drapeaux européens, allemands et italiens, il s'interroge sur le silence irréel qui entoure ce lieu et qu'il associe au sens profond de la mémoire :

> il luogo ha un fascino silenzioso, fa pensare davvero alla parola pace e al suo intimo legame con un'altra parola : memoria. Perché non è di certo un caso se queste salme stanno qui, sulla Linea Gotica, raccolte da oltre duemila comuni italiani, in un luogo dove la guerra e le stragi non smetteranno mai di risuonare. Come a dire che la miglior garanzia per la pace non è una memoria addomesticata, ma un ricordo vivo e agguerrito, che non si arrende e non fa prigionieri. (*Ibid.* : 117[29])

Ainsi, la narration d'histoires oubliées est configurée comme une opération de mémoire active qui ne vise pas à apprivoiser l'Histoire, à la rendre moins douloureuse, mais plutôt à érafler les souvenirs institutionnalisés, à saisir la complexité des histoires qui s'entrecroisent, se mélangent, se falsifient, mutuellement. L'oreille du narrateur doit toujours être tendue pour écouter « résonner » les voix lointaines des histoires immergées dans le paysage, pour intercepter leur besoin d'être entendues, puis pour les vérifier grâce à la documentation disponible et aux voix de ceux qui y habitent aujourd'hui. De même, l'œil du narrateur doit toujours être vigilant et attentif à ne pas laisser échapper les signes du passé que le paysage conserve (caractéristiques géologiques, changements morphologiques, routes, lieux habités, pierres commémoratives, *etc.*), pour pouvoir rendre compte des éléments qui détonnent ; un regard géopolitique sur le paysage, comme celui de Gerolamo sur les éoliennes :

> Se rovinano il paesaggio non è perché sono sgorbi in un quadretto idilliaco, ma perché annullano il senso dei luoghi. Esiste un paesaggio laddove sul territorio si riconoscono dei segni, quelli che un geografo chiamerebbe iconemi. Costruire un'opera senza tener conto di questi elementi rischia di cancellarli, di lasciare un vuoto. [...] Tenere conto degli iconemi, invece, vuole anche dire comprendere la loro gerarchia. (*Ibid.* : 90[30])

---

29 « Le lieu a un charme silencieux, il fait penser au mot paix et à son rapport intime avec un autre mot : mémoire. Car ce n'est certainement pas un hasard si ces corps sont ici, sur la Ligne Gothique, recueillis par plus de deux mille municipalités italiennes, dans un lieu où la guerre et les massacres ne cesseront jamais de résonner. Comme pour dire que la meilleure garantie de paix n'est pas une mémoire domestiquée, mais une mémoire vivante et féroce, qui ne se rend pas et ne fait pas de prisonniers. »

30 « Si elles ruinent le paysage, ce n'est pas parce qu'elles sont des gribouillages sur une image idyllique, mais parce qu'elles annulent le sens des lieux. Il existe un paysage

Marcher dans un lieu déterminé, c'est déplacer son corps à travers les iconèmes du paysage, ou – selon la définition d'Eugenio Turri – « i dati incontrovertibili della percezione, i dati di partenza dell'operazione semiotica che ci porterà, a diversi livelli, a riconoscere un territorio o una regione, con i rapporti interni tra vari elementi, traducibili in segni[31] » (Turri 1998). Marcher, ce n'est pas seulement se promener le long d'un sentier, c'est aussi expérimenter tout un réseau de signes perceptifs qui caractérisent un lieu comme – toujours Turri – « riferimento visivo di forte carica semantica del rapporto culturale che una società stabilisce con il proprio territorio[32] » (*ibid.*). La préservation des iconèmes de l'anéantissement programmé par les grands travaux d'infrastructure devient l'objectif principal de Gerolamo. Il comprend, une fois seulement la marche achevée, qu'il doit raconter son expérience non pas comme une expérience perceptive individuelle mais comme un message d'alerte collectif pour un paysage qui se modifie sous les yeux de milliers de marcheurs qui ne réalisent pas la disparition des signes qui composent ce paysage et dont le désintérêt pour l'histoire sédimentée dans ces endroits les rend même complices de la disparition.

L'autre livre ambulatoire de Wu Ming 2 repose sur les mêmes principes. Dans *Il sentiero luminoso* (2016), il tente d'accomplir entre le 14 et le 21 mars 2015 une marche presque impossible entre Bologne et Milan. Le livre est un prolongement de *La Via degli Dei*, non seulement parce que le protagoniste est toujours Gerolamo, mais aussi parce que le parcours suit celui du TAV le long de la vallée du Pô. D'ailleurs, l'idée elle-même est née lors du voyage précédent :

> L'idea di attraversare la Grande Pianura, zaino in spalla e bordone in pugno, nasce come scongiuro, rito apotropaico fatto di passi. Sull'Appenino tra Bologna e Firenze, il sentiero degli Dei si è rivelato un prodigioso amuleto, capace di respingere gli angeli del disastro. [...] I sentieri sono talismani del diritto al paesaggio. (Wu Ming 2 2016 : 11[33])

---

au moment où on peut en reconnaître les signes, ce qu'un géographe appellerait des iconèmes. Construire une œuvre sans tenir compte de ces éléments risque de les effacer, de laisser un vide. [...] En revanche, la prise en compte des iconèmes, c'est aussi comprendre leur hiérarchie. »

31 « Les données incontournables de la perception, les données de départ de l'opération sémiotique qui nous conduira, à différents niveaux, à reconnaître un territoire ou une région, dans sa relation interne aux différents éléments, qui peuvent se traduire en signes. »

32 « [...] une référence visuelle à forte charge sémantique de la relation culturelle qu'une société établit avec son territoire. »

33 « L'idée de traverser la Grande Pianura, un sac à dos sur les épaules et bâton à la main, est née comme une manière de conjurer le mauvais sort, un rite apotropaïque fait de pas. Sur l'Apennin entre Bologne et Florence, la Via degli Dei s'est révélée être une

La Via degli Dei a enseigné à Gerolamo que les besoins des marcheurs sont très différents de ceux de la politique d'infrastructure. Son itinérance n'est pas systématique et s'oppose aux logiques de la viabilité ordinaire, ce qui conduit naturellement à forcer les frontières, les barrières et les accès interdits. Marcher signifie précisément rester à l'intérieur du paysage et suivre des itinéraires qui ne sont jamais définitifs, alors que la prédominance du transport routier (qui est appelé le « Comté des quatre roues ») et du rail impose au paysage une conformation qui ne respecte pas la morphologie du territoire ; au contraire, elle le déforme, rendant presque impossibles les déplacements permis par les anciens modes de transports humains. Paradoxalement, même la Grande Pianura, territoire idéal pour la déambulation et berceau fertile de toutes les civilisations qui l'ont habité, devient inadaptée au pas de l'homme, car l'homme lui-même a construit des barrières et des obstacles (autoroutes, chemins de fer, zones industrielles, zones commerciales, *etc.*) qui facilitent les déplacements en voiture ou en train mais jamais à pied, favorisant les grandes distances par rapport aux petites. En l'absence d'une trajectoire réelle, Wu Ming 2 fait l'hypothèse d'un itinéraire en utilisant différents outils de géolocalisation analogique (cartes papier) et numérique (GPS de différents types) et ceci l'oblige à recalculer plusieurs fois la trajectoire pour éviter les obstacles, mais aussi à enfreindre la loi pour pouvoir continuer d'avancer, au travers de propriétés privées plus ou moins signalées. La structure du livre est également affectée par la double nature théorique et pratique du voyage, et par conséquent, les chapitres décrivant les étapes alternent avec des chapitres réfléchissant au sens du voyage, ironiquement intitulés « La prima tappa non finisce mai[34] ». L'écrivain a expérimenté en personne la mutation subie par le territoire, qui suit les étapes successives du progrès néo-capitaliste désordonné, entre succès et échecs, entre chantiers commencés et décombres abandonnés, autant de traces qui affectent le territoire et le rendent toujours moins reconnaissable. Il devient important de marcher non seulement dans des paysages bucoliques et évocateurs, mais aussi dans des paysages esthétiquement désagréables, comme les entrepôts des zones industrielles, pour les protéger de la désintégration progressive des iconèmes d'origine :

> Percorrere a piedi un territorio non lo allontana dalle malattie, ma lo avvicina allo sguardo, alla pelle, ai ricordi. Misurarlo a passo d'uomo non è una terapia,

---

prodigieuse amulette, capable de repousser les anges du désastre. Les sentiers sont des talismans du droit au paysage. »

[34] « La première étape n'en finit jamais. »

> ma una misura di profilassi indiretta, come lavarsi le mani. Nessun vincolo tracciato sulla carta riesce a trattenere la speculazione. Chi vuole opporle un confine, deve imparare a scriverlo col corpo. (*Ibid.* : 11-12[35])

Tracer un chemin là où il ne semble plus possible de le faire constitue un acte politique de sensibilisation à l'importance de regarder le paysage, qui s'oppose à l'accoutumance résultant de l'habitude consistant à considérer les entrepôts, les autoroutes et les parkings comme des éléments intrinsèques du paysage de la vallée du Pô. Il ne s'agit donc pas tant de faire émerger un chemin caché sous une infrastructure envahissante que de stimuler la possibilité de traverser un territoire aujourd'hui considéré comme impropre à la marche, donnant ainsi naissance à une multiplicité de chemins possibles qui correspondent à une multiplicité de regards sur des lieux. Wu Ming 2 n'a pas pour objectif de fournir une carte univoque du sentier « lumineux », qui créerait un énième parcours adapté au trekking de masse, mais souhaite que chaque lecteur puisse tracer son propre chemin, en apportant des points de vue supplémentaires, pour retrouver un contact physique avec un paysage aujourd'hui déshumanisé par l'excès de l'impact anthropique :

> Se questo accadrà, invece di mille viandanti che percorrono lo stesso sentiero – protetto, delimitato e curato – ne avremo forse cento che camminano centro tracce diverse, si intrufolano in cento diversi terreni, scorgono cento diversi focolai di rovina, discutono con cento diversi proprietari e pongono, con i passi e le parole, cento diverse domande di diritto al paesaggio. (*Ibid.* : 12[36])

La reconquête du droit au paysage est le pivot autour duquel tourne tout le livre, un guide atypique d'un sentier qui n'existe pas, de sorte que chaque solution de passage trouvée et chaque obstacle sont autant de pistes de réflexion sur la nécessité de rendre à nouveau « marchables » tous les territoires sans exception. Le paradoxe d'une vallée du Pô subdivisée en une

---

35 « Parcourir à pied un territoire ne le protège pas des maladies, mais le rapproche de l'œil, de la peau, de la mémoire. Le mesurer au rythme de la marche n'est pas une thérapie, mais une mesure de prophylaxie indirecte, comme se laver les mains. Aucune contrainte tracée sur le papier ne peut freiner la spéculation. Quiconque veut lui donner une limite doit apprendre à l'écrire avec le corps. »

36 « Si cela se produit, au lieu d'un millier de *viandanti* marchant sur le même chemin – protégé, délimité et entretenu – nous pourrions peut-être en avoir cent qui marchent sur cent tracés différents, qui s'introduisent dans cent parcelles différentes, qui aperçoivent cent différents foyers en ruines, qui discutent avec cent différents propriétaires et qui formulent, de leurs pas et leurs paroles, cent différentes demandes de droit au paysage. »

contiguïté sans fin des routes et des propriétés privées, petites et grandes, qui prend de plus en plus la forme de la « Repubblica delle righe dritte, un paesaggio disegnato con la squadra[37] » (*ibid.* : 30), donne aux véhicules à moteur le monopole de la mobilité tandis que la marche devient une activité impraticable en dehors des frontières prédéfinies (centres urbains piétons et centres commerciaux), favorisant le *ius excludendi*, le droit d'exclusion, plutôt que l'inclusion et la libre circulation. Pour mieux comprendre l'impact de la propriété privée sur la limitation des libertés des promeneurs, Wu Ming 2 rappelle – citant l'essai de Filippo Valguarnera, *Accesso alla natura tra ideologia e diritto*[38] – le principe scandinave de *l'allemanstrått*, ou le droit du voyageur de traverser les propriétés des autres pour profiter du paysage sans affecter évidemment les lieux, alors que la question de la correspondance entre propriété et exclusion n'a jamais été mise en cause en Italie :

> Per la nostra mentalità [...] il possesso è tutt'uno con lo ius excludendi, il diritto di tener fuori, e l'accoglienza è un'eccezione alla regola. Per godere appieno di una proprietà, devo essere l'unico a ricavarne piacere. [...] La proprietà possiede che ne gode, come in un coito sacrale. (*Ibid.* : 147[39])

La sacralisation de la propriété privée, caractéristique du capitalisme tardif, a conduit à redéfinir le territoire selon la logique de la possession et de l'exclusion, faisant perdre à la Grande Pianura sa continuité spatiale spécifique, et la transformant en un puzzle complexe d'éléments hétérogènes et non communicants. Le *Sentiero Luminoso* est alors une manière itinérante de forcer les frontières de la propriété privée, conçue comme le seul principe sur lequel repose la gestion du territoire, sans respect des particularités morphologiques. Le *Sentiero*, qui croise inévitablement les limites imposées entre un bien et un autre, se heurte au morcellement de l'espace et unit des points de manière imprévisible, des altérités spatiales, des hétérotopies qui survivent dans les espaces interstitiels. Ainsi le promeneur peut essayer de suivre des trajectoires non prédéterminées dont seuls les éléments naturels, tels que les graines et les animaux, peuvent encore jouir, car ils ne sont pas bridés par les conventions socio-économiques :

---

37 « République des lignes droites, un paysage dessiné à l'équerre. »

38 « Accès à la nature entre idéologie et droit. »

39 « Dans notre mentalité, [...] la possession ne fait qu'un avec le *ius excludendi*, le droit d'exclure, et l'accueil est une exception à la règle. Pour profiter pleinement d'une propriété, je dois être le seul à en tirer du plaisir. [...]. La propriété possède qui en jouit, comme dans un coït sacral. »

> Tra la monocoltura dell'asfalto e quella del frutteto, tra il bosco di pioppi e la riserva naturale, nessuno è ricco, creativo, vario e fecondo come lo spruzzo di prato che li separa. Semi e animali viaggiano in frotte lungo questi percorsi selvaggi e anch'io voglio descrivere il Sentiero Luminoso come un corridoio biologico di trecentoventi chilometri, capace di condurre la strana specie dei viandanti attraverso gli ostacoli della Grande Pianura, per consentirle di vivere, lottare e magari riprodursi. (*Ibid.* : 206[40])

Si le *Sentiero Luminoso* prend la forme d'un « corridor biologique », qui répond encore aux besoins liés à la *bìos* et non à la *technè* du capitalisme tardif, il est alors encore possible d'identifier de Bologne à Milan une continuité « biologique » entre l'homme et le paysage, sur la base de laquelle tracer de multiples trajectoires asystématiques. Les contradictions de l'intervention anthropique sur le paysage de la vallée du Pô sont mises en évidence grâce à une traversée non linéaire, non encore codifiée, qui n'est pas conçue pour promouvoir la beauté du territoire. Au fond, le caractère arbitraire de la volonté de parcourir un chemin d'un point A à un point B sans étapes prédéfinies, sans points de repère préalables, qui peut être modifié à l'occasion selon l'apparition de nouveaux obstacles, se révèle fondamental, car il nous oblige à prendre conscience du fait que chaque individu a profondément intériorisé des frontières physiques qu'il considère infranchissables :

> Lungo il Sentiero Luminoso ti accorgi che i confini esistono davvero, non sono soltanto nella testa di chi viaggia. Ma sono talmente tanti, contraddittori, sfasati e mutevoli, che finiscono per negarsi a vicenda. Solo un gesto arbitrario può coglierne uno tra molti, caricarlo di significati, polarizzarlo, metterlo in mezzo tra noi e loro. (*Ibid.* : 239[41])

Il s'agit là d'un geste qui peut être considéré comme révolutionnaire précisément parce qu'il est arbitraire, et qu'il échappe donc à la prévisibilité

---

40 « Entre la monoculture de l'asphalte et celle du verger, entre la forêt de peupliers et la réserve naturelle, rien n'est aussi riche, créatif, varié et fertile que les touffes d'herbes éparses qui les sépare. Les graines et les animaux voyagent en masse le long de ces chemins sauvages et je veux moi aussi décrire le *Sentiero Luminoso* comme un corridor biologique de trois cent vingt kilomètres, capable de conduire l'espèce étrange des *viandanti* à travers les obstacles de la Grande Pianura, pour leur permettre de vivre, de se battre et peut-être de se reproduire. »

41 « Le long du Sentiero Luminoso, tu te rends compte que les frontières existent vraiment, qu'elles n'existent pas seulement dans la tête du voyageur. Mais elles sont si nombreuses, contradictoires, déphasées et changeantes, qu'elles finissent par se nier mutuellement. Seul un geste arbitraire peut en saisir une, la charger de sens, la polariser, la mettre au milieu, entre nous et eux. »

des chemins prédéterminés et à l'exclusivité de la propriété privée. Au cours de la marche, différents types de frontières se croisent. Elles deviennent moins standardisées et plus perméables ; ainsi, « il *limes* è molto più spesso un *limen*, una membrana spugnosa che si lascia attraversare da batteri d'ogni tipo[42] ». Le marcheur prend la forme d'une bactérie qui affecte la logique géométrique aseptique imposée au paysage de la vallée du Pô par les administrations, les entreprises et les particuliers, pour le rendre plus productif et exclusif. Au contraire, le « sentiero » contamine de manière asystématique la régularité des frontières, permet de franchir ce qui était infranchissable et rend paradoxal ce qui semble parfaitement logique. Cette catégorie inclut également l'Exposition universelle de Milan en 2015, l'événement sur lequel se termine le livre, parce que Wu Ming 2 y saisit un changement définitif du paysage et de l'imaginaire, non seulement au sens d'une redéfinition du territoire à travers la construction de bâtiments aussi futuristes que temporaires, mais surtout au sens d'une codification qui impose à ce qui est considéré comme local de fonctionner au niveau global, une glocalisation forcée de produits italiens typiques qui stérilise les diversités spécifiques. De plus, l'Exposition Universelle (comme Eataly FICO à Bologne) impose l'exposition comme le seul véhicule de la connaissance du territoire : seul ce qui est exposé, en l'occurrence les produits alimentaires, devient emblématique d'un lieu, dont l'efficacité commerciale dépend uniquement de l'attractivité des éléments sélectionnés pour être exposés – la vitrinisation à l'extrême du territoire. Le décalage entre la réalité territoriale et la construction d'un imaginaire permettant la commercialisation de produits locaux ne peut être appréhendée qu'en traversant les lieux qui ont donné naissance à cet imaginaire et qui lui ont ensuite été arrachés, faisant ainsi ressortir l'irréalité promue par la commercialisation d'un paysage « sain », « authentique », « d'origine contrôlée ».

Parmi les trois écrivains considérés, Paolo Rumiz est celui qui a certainement plus longuement pratiqué le récit de voyage, du fait à la fois de son travail de journaliste correspondant à l'étranger (en particulier dans les régions des Balkans et du Danube) et de la tradition triestine des voyageurs, explorant terres et mers. Dans les années 1990, ses reportages sur l'ex-Yougoslavie ont été considérés comme des outils indispensables pour analyser les changements politiques et sociaux qui se produisaient sur ce territoire complexe et le rôle joué par la Communauté européenne. Le regard de Rumiz est attentif à saisir l'écart entre la stratification

42 « Le *limes* est beaucoup plus souvent un *limen*, une membrane spongieuse qui laisse passer des bactéries de toutes sortes. »

historico-culturelle qui témoigne d'une longue hybridation entre différents groupes ethniques et l'imposition du conflit par les idéologies nationalistes[43]. À partir des années 2000, dans les pages de *Repubblica*, la narration quotidienne de ses voyages estivaux en Italie ou à l'étranger, en compagnie de divers amis et grâce à différents moyens de locomotion, devient habituelle pour les lecteurs, qui découvrent à travers ses yeux des mondes inconnus mais aussi des lieux connus, relus sous un jour différent.

Ce n'est que ces dernières années, cependant, qu'il a accordé une attention particulière à la redécouverte à pied des voies antiques italiennes, en particulier la Via Appia Antica, qu'il a parcourue en 2015 de Rome à Brindisi, sur environ 525 km, d'abord pour réaliser un reportage publié dans les pages de *Repubblica*, intitulé *Come legionari*, puis pour écrire – avec l'aide de l'expert Riccardo Carnovalini – un volume simplement appelé *Appia* (2016), doté de cartes et de conseils pour suivre grâce au GPS les détours sinueux d'une route pour partie enterrée sous la végétation et pour partie effacée par l'urbanisation. Le but de Rumiz, comme il l'avait déjà fait avec le Pô, « fleuve secret », en 2012, est de redécouvrir et de revaloriser une partie de l'histoire de la Péninsule, aussi décisive pour le développement de l'Empire romain qu'oubliée par ceux qui aujourd'hui parcourent chaque jour la rue homonyme sans en avoir conscience ni respect ; comme il l'explicite dans la préface :

> L'itinerario non ha la pretesa di ricalcare al cento per cento la strada originale. I sacerdoti dell'Accademia, magari in disaccordo fra loro, verranno sicuramente a dirci che in questo o in quel posto abbiamo sbagliato. Ne hanno facoltà. Risponderò che almeno ci siamo mossi, che abbiamo liberato l'Appia dalle ragnatele che l'avevano sepolta. La grande direttrice ora esiste di nuovo, è visibile, recuperata. Questo libro ne offre, per la prima volta, la mappatura completa. Per dovere civico, prima che per letteratura. (Rumiz 2016 : 16[44])

Ce qui pousse Rumiz à se mettre en marche, c'est un d'abord « engagement civique » puis un « engagement littéraire » ou géographique. Ainsi l'itinéraire, même s'il ne retrace pas exactement celui d'origine, émerge

43 Voir en particulier : Brizzi 1990 ; 1993 ; 1996.

44 « L'itinéraire ne prétend pas décalquer la route d'origine à cent pour cent. Les défenseurs de l'Académie, peut-être en désaccord les uns avec les autres, viendront sûrement nous dire qu'à tel ou tel endroit nous avons eu tort. Ils ont le droit de le faire. Je répondrai qu'à tout le moins nous nous sommes mis en mouvement, que nous avons nettoyé l'Appia des toiles d'araignée qui l'avaient recouverte. La grande directrice existe maintenant à nouveau, elle est visible, retrouvée. Ce livre en offre, pour la première fois, la cartographie complète. Avant tout par engagement civique puis littéraire. »

d'une certaine manière de l'oubli, offrant à nouveau à la communauté le chemin perdu, la ligne qui reliait le centre du pouvoir à la périphérie, l'Ouest à l'Est. L'auteur est conscient des difficultés de l'entreprise : marcher le long d'une route dont plus personne ne se souvient ; redéfinir le tracé, désarticulé par les infrastructures du réseau routier et par l'expansion urbaine ; reconstruire les histoires qui habitent les sites archéologiques, la plupart abandonnés et dépourvus de visibilité. Bien que tout le monde leur ait déconseillé ce voyage, Rumiz et ses amis décident de partir, poussés par la nécessité d'essayer de répondre à certaines questions qui les tourmentent et de renverser certains lieux communs sur la marche :

> Più tentavano di dissuadermi e più la voglia di andare aumentava. Non era solo il dovere civile di riconsegnare al Paese un bene scandalosamente abbandonato. Era anche la curiosità. Com'erano quelle terre ? Che umanità avremmo incontrato ? [...] Ma c'era dell'altro. La voglia di rompere lo schema fisso che equipara cammino e pellegrinaggio. Volevo una strada che non fosse solo religiosa. Qualcosa per saltimbanchi e *clerici vagantes*, inquieti senza terra, cantastorie e clandestini, ebrei erranti e fuggiaschi in cammino. E così, quando si formò la storica pattuglia, ci battezzammo « viandanti », categoria meno nobile ma col suo orgoglio, che rivendicava la primogenitura sulla riscoperta di quella strada tutta laica e tutta italiana. (*Ibid.* : 29-30[45])

La composition du groupe des « viandanti », en plus de l'écrivain, est la suivante : Riccardo Carnovalini, un marcheur au long cours, un vrai « chercheur de routes » ; Alex, expert en cartes et en géolocalisation GPS ; Irene, une architecte vénitienne passionnée d'archéologie. Pendant le voyage, d'autres amis (comme l'écrivain Raffaele Nigro et l'auteur-compositeur-interprète Vinicio Capossela) ainsi que des inconnus se joignent à eux pour quelques étapes, curieux de découvrir quelles terres traverse l'antique Via Appia. Pour parvenir à leur but, les quatre « viandanti » ont d'abord dû, au printemps 2015, parcourir une première fois le chemin comme des « légionnaires romains » en le retraçant

---

45 « Plus ils essayaient de me dissuader, plus le désir d'y aller était grand. Ce n'était pas seulement le devoir civique de rendre au Pays un bien scandaleusement abandonné. C'était aussi de la curiosité. Comment étaient ces terres ? Quel genre d'humanité aurions-nous rencontré ? Mais il y avait plus que ça. Le désir de briser le schéma fixe qui assimile la marche au pèlerinage. Je voulais une route qui ne soit pas seulement religieuse. Quelque chose pour les acrobates et les *clerici vagantes*, les inquiets sans terre, les conteurs et les clandestins, les juifs errants et les fuyards. Ainsi, lorsque la légendaire patrouille s'est formée, nous nous sommes baptisés « viandanti », catégorie moins noble mais non dénuée de fierté, qui revendiquait le droit d'aînesse sur la redécouverte de cette route toute laïque et toute italienne. »

quasiment là où il était devenu invisible, puis le reprendre en sens inverse, en septembre de la même année, pour vérifier la validité du parcours. Ils découvrent à cette occasion que c'est l'un des rares chemins européens, peut-être le seul, qu'on peut parcourir dans les deux sens et qui raconte deux histoires différentes et parallèles :

> Il percorso di andata ci aveva impegnati in modo così totale che a tante cose non avevamo minimamente pensato. Nel viaggio di ritorno, invece, ne capimmo molte. Per esempio, che l'Appia è l'unico cammino europeo leggibile nei due sensi di marcia. Che mentre Santiago è « one way », solo in direzione ovest, la via romana racconta due grandiose storie parallele, una soprattutto per i laici e un'altra per i cercatori del Sacro. La strada verso Brindisi appartiene alle legioni, quella verso Roma è di Pietro e Paolo, del cristianesimo che sbarcava in Occidente. Due visioni del mondo diverse e complementari, che sull'Appia mettono quasi a confronto due stirpi antagoniste di viaggiatori. (*Ibid.* : 33[46])

Plus tard, pour donner au livre une plus grande complétude cartographique et « consegnare al Paese un itinerario senza sbavature[47] » (*ibid.* : 283), Carnovalini y retourne en hiver, cette fois en voiture, pour améliorer la description d'au moins soixante-dix points du parcours et trouve des solutions moins risquées et plus pratiques pour le marcheur. En particulier, le « chercheur de route » identifie certains *bypass* pour contourner plus sûrement les obstacles qui ont bloqué la route lors de la première traversée, sans encourir de désagréables inconvénients. Il offre ainsi à tous les futurs marcheurs « un itinerario senza troppe grane, con meno scavalcamenti di guardrail e meno violazioni di domicilio »[48]. Pour tracer un itinéraire aussi complexe, il faut se confronter à des obstacles non seulement physiques (routes, murs, clôtures) mais aussi culturels et politiques, en raison de l'indifférence à l'égard de la mémoire et de

---

46 « L'aller nous avait tellement absorbé que nous n'avions pas beaucoup réfléchi au trajet. Sur le chemin du retour, cependant, nous avons compris beaucoup de choses. Par exemple, que l'Appia est la seule voie européenne qui peut être lue dans les deux sens de la marche. Que si Saint-Jacques est "one way", allant seulement vers l'ouest, la voie romaine raconte deux grandes histoires parallèles, l'une spécialement pour les laïcs et l'autre pour les chercheurs du Sacré. Vers Brindisi, c'est la voie des légions, vers Rome, celle de Pierre et de Paul, du christianisme qui a débarqué en Occident. Deux visions différentes et complémentaires du monde, qui sur la Via Appia mettent presque en confrontation deux lignées antagonistes de voyageurs. »

47 « [...] donner au Pays un itinéraire sans bavures. »

48 « [...] un itinéraire moins difficile, qui évite le plus possible les franchissements de garde-corps et les violations de domicile ».

la prédominance d'intérêts contingents (le profit lié à une urbanisation effrénée et à la construction de routes commerciales). Dans cette perspective émerge la valeur « civile » de la marche pour surmonter la parcellisation des lieux :

> I piedi, si sa, aiutano a incontrare, ascoltare. E le terre del Sud avevano un tremendo bisogno arretrato di ascolto. A volte toccavamo nervi scoperti, e scoppiavano polemiche. Spesso capitava che una fetta di pubblico ci imputasse di aver detto male del Mezzogiorno o di avere ricalcato i soliti stereotipi negativi, ma questo accendeva l'immediata reazione di altri, che ci difendevano per essere stati, semmai, troppo clementi e per aver dato ai luoghi una lezione di umiltà. Fuori i demoni, dunque. In un'assemblea, emerse addirittura che il nostro viaggio sull'Appia era stato, al di là di tutto, un'azione politica, perché indicava una strada di cambiamento, metteva in rete territori che tra loro non avevano mai comunicato granché, e soprattutto mostrava al Sud la direzione maestra di un progetto comune. Che volevamo di più ? (*Ibid.* : 38-39[49])

La Via Appia, en tant que ligne qui traverse la Péninsule sans se soucier des frontières administratives, permet de faire sortir les « démons » du territoire, faisant éclater la controverse mais indiquant aussi une possibilité de changement, car elle unit des territoires et des traditions qui ne sont divisés qu'en apparence. Retracer un chemin éloigné de la conscience collective constitue une action politique qui affecte la psychologie de ceux qui vivent dans ces lieux et ne reconnaissent plus cette voie comme faisant partie de leur identité, par désamour, par négligence, ou par inaptitude. La redécouverte de l'Appia, selon Rumiz, montre au Sud non pas tant sa propre dissolution que « la direzione maestra di un progetto comune[50] », une possibilité concrète de réactiver un réseau social qui favorise la revalorisation de territoires plus traversés que vécus. De plus, les rencontres avec de nombreuses personnes âgées révèlent un net décalage entre les

---

49 « Les pieds, tu sais, aident à rencontrer, à écouter. Et les terres du Sud avaient un besoin profond et ancien d'écoute. Parfois, on rouvrait des blessures et des controverses éclataient. Il arrivait souvent qu'une partie du public nous reproche d'avoir dit du mal du Mezzogiorno ou d'avoir reproduit les stéréotypes négatifs habituels, mais cela déclenchait une réaction immédiate de la part des autres, qui nous défendaient en disant qu'on avait été plutôt trop cléments et qu'on avait donné une leçon d'humilité aux lieux. Les démons sont libérés. Dans une assemblée, il est même apparu que notre voyage sur l'Appia avait été avant tout une action politique, parce qu'elle montrait une voie de changement, parce qu'elle mettait en réseau des territoires qui n'avaient jamais beaucoup communiqué entre eux, et surtout parce qu'elle montrait au Sud la vraie voie d'un projet commun. Qu'est-ce qu'on voulait de plus ? »

50 « [...] la vraie voie d'un projet commun. »

nouvelles générations et le territoire, ce qui accroît le sentiment de non-appropriation et l'oubli progressif de l'histoire des lieux. Presque personne ne se rappelle qu'il est en train de traverser l'Appia Antica, parce qu'il ne suffit pas de conserver les fragments de route pour garder la mémoire vivante, mais il faut que la route soit sans cesse traversée et racontée :

> Non è la pietra che fa la via, ma l'atto ripetuto del camminare. La memoria è legata al cammino, perché solo chi cammina sa decifrare i segni che la via ci lascia, come i sassolini di Pollicino. (*Ibid.* : 70[51])

C'est seulement ainsi que l'histoire devient une matière vivante, qui unit les époques et les fait interagir les unes avec les autres dans l'expérience directe de ceux qui vivent dans ces lieux et de ceux qui les traversent parfois. Ainsi, à Fondi, après plusieurs kilomètres de marche, l'écrivain perçoit un anachronisme bénéfique :

> Non capisco se i nostri piedi affondino nel passato o nel presente. L'unica cosa certa è che, all'altro estremo del corpo, la testa viaggia da chilometri nell'era augustea. È come se, col procedere del viaggio, il passato fosse più presente del presente stesso. (*Ibid.* : 91-92[52])

Le présent et le passé se confondent sur la même ligne de marche et de temps, mais parfois les marcheurs perdent de vue la ligne qui disparaît sous un réseau de routes goudronnées ou meurt le long d'un mur d'enceinte. D'où la résignation qui naît pour une entreprise qui semble de moins en moins probable. L'auteur ne cache pas son découragement, mais en même temps il continue à souligner la force de la marche comme « désobéissance civile », comme résistance à l'incivilité des institutions et des indifférents :

> Ma sì, che ci facciamo qui, noi dell'Appia, siamo ridicoli. Così penso in un attimo di pessimismo. Come possiamo sperare che la vecchia strada possa rivivere ? Siamo degli illusi. Avremo tutti contro. Mi sembra già di vederli. Archeologi e docenti universitari infastiditi dalla nostra invasione di campo. Signori del cemento e dell'asfalto, padroni delle case e delle strade inutili. Contadini che negli ultimi quarant'anni hanno rimestato questa terra a

---

51 « Ce n'est pas la pierre qui fait le chemin, mais l'acte répété de la marche. La mémoire est liée à la marche, car seuls ceux qui marchent peuvent déchiffrer les signes que la voie nous offre, comme les cailloux du Petit Poucet. »

52 « Je ne comprends pas si nos pieds s'enfoncent dans le passé ou le présent. La seule chose certaine, c'est qu'à l'autre bout du corps, la tête se déplace depuis des kilomètres dans l'époque augustinienne. C'est comme si, au fil du voyage, le passé était plus présent que le présent lui-même. »

profondità sempre maggiori e imboscato tesori. Costruttori di pale eoliche, e con loro i sindaci, che non voglio grane o limiti alla manomissione del territorio. E poi vescovi, sottosegretari, politici, assessori. E tutta la masnada di coloro che inaugurano fontane che non funzioneranno mai. (*Ibid.* : 190[53])

Nous avons ici le portrait de la décadence des institutions uniquement soucieuse d'exploiter le territoire (grâce au ciment, à l'asphalte et au mobilier urbain improbable) sans tenir compte de sa spécificité. Cette dévastation s'oppose aux illusions des promeneurs qui ambitionnent d'éveiller à nouveau l'attention sur les décombres d'un passé glorieux non pas tant pour des raisons d'intérêt archéologique mais surtout pour redéfinir la relation entre l'Homme et le paysage. Dans un moment de désespoir maximal, au cours de la nuit passée à Oria (dans la province de Brindisi), c'est la route elle-même qui parle à l'écrivain dans un rêve et tente de le faire renoncer à l'entreprise, le suppliant de la laisser seule dans son oubli séculaire (« Lasciami in pace. Interrompi il tuo viaggio. Non raccontare di me. Non mettermi a nudo. Non lasciare che mi ritrovino[54] »), parce qu'elle n'a pas confiance dans le fait qu'une histoire suffise pour la redécouvrir :

> Anche il tuo racconto non sarà mai tale. Sarà un canto spezzato e monodico perché la strada è spezzata. Non troverai l'armonia, e tanto meno la sinfonia. Non sentirai nascere dentro di te quel basso continuo che accompagna ogni melodia, il bordone. Penerai orrendamente a descrivermi. Non basta il senso del dovere per costruire una storia come la tua. (*Ibid.* : 269[55])

---

53 « Mais oui, qu'est-ce qu'on fait ici, sur l'Appia, on est ridicules. C'est ce que je pense dans un moment de pessimisme. Comment pouvons-nous espérer que la voie antique continue à vivre ? On se trompe. Tout le monde sera contre nous. J'ai l'impression de les voir déjà. Archéologues et professeurs d'université ennuyés par notre invasion. Seigneurs du ciment et de l'asphalte, maîtres des maisons et des routes inutiles. Agriculteurs qui, au cours des quarante dernières années, ont remué cette terre à des profondeurs de plus en plus grandes et y ont planqué des trésors. Fabricants d'éoliennes, et avec eux les maires, qui ne veulent pas de problème ni de limites pour trafiquer le territoire. Et puis les évêques, les sous-secrétaires, les politiciens, les adjoints. Et toute la cohorte de ceux qui inaugurent des fontaines qui ne fonctionneront jamais. »

54 « Laisse-moi tranquille. Interromps ton voyage. Ne leur parle pas de moi. Ne me mets pas à nu. Ne les laisse pas me retrouver. »

55 « Même ton récit ne sera jamais un récit. Ce sera une chanson brisée et monodique parce que la route est brisée. Tu ne trouveras pas l'harmonie, encore moins la symphonie. Tu n'entendras pas naître en toi la basse continue qui accompagne toute mélodie née en vous, le bâton. Tu peineras horriblement à me décrire. Le sens du devoir ne suffit pas pour construire une histoire comme la tienne. »

Même la narration du voyage de Rumiz ne suffit pas à réunir tous les fragments de la route brisée. Aucune recomposition n'est possible, malgré toute la bonne volonté des « viandanti ». Nous avons l'impression que l'Appia elle-même est consciente de son extinction définitive : de même que les pas perdent leur rythme parce qu'ils sont sans cesse confrontés à des obstacles qui imposent des déviations et des hésitations, l'histoire perd aussi son caractère unique et concret, se transformant en un chant « brisé et monodique », qui ne reconstruit pas le caractère unique de la ligne mais seulement les désagréments du voyage. La voix de la route qui décourage Rumiz dans un rêve sert à réaffirmer les difficultés toujours croissantes d'un chemin où les obstacles sont non seulement géophysiques mais surtout administratifs et culturels. Malgré tout, le voyage continue et à la fin, *via* Tarente, les quatre « viandanti » atteignent leur destination : Brindisi. L'Appia Antica a été entièrement parcourue et, d'une certaine manière, un nouvel éclairage a été apporté sur sa valeur culturelle pour l'Italie d'aujourd'hui, rapprochant les territoires sur lesquels passe son tracé. À la fin du voyage, nous ne pouvons que remercier le moyen qui nous a permis d'accomplir cet exploit : les pieds. Ainsi, Rumiz conclut par une sorte d'« ode aux pieds », humbles extrémités inférieures du corps qui se révèlent essentielles pour entretenir une relation directe avec le territoire, pour toucher les problèmes, pour se heurter à des obstacles que les autres moyens de transport ne considèrent même pas :

> La nostra non è stata un'esplorazione ma una riconquista dura, l'avventura di una pattuglia di Sioux che si sono ripresi i pascoli perduti e ora invitano altri pellirosse alla ribellione. Di questo vi ringrazio, piedi miei. Mi avete insegnato a non accontentarmi di arzigogolati sentieri costruiti per dribblare ostacoli, devastazioni e vergogne, ma ad affrontarli di petto gli ostacoli, le devastazioni e le vergogne, per denunciare appropriazioni indebite e misfatti. La forza dei cammini è che si fanno da soli, senza bisogno di autorizzazioni dall'alto. Una volta tracciati, essi danno la sveglia ai luoghi che attraversano. Li modificano in meglio. Possono persino ribaltare il rapporto avariato tra gli italiani e la loro geografia. Santiago non era nulla negli anni Settanta. Ora vede duecento mila persone l'anno. L'Appia può fare molto di più. (*Ibid.* : 282[56])

---

[56] « Notre exploration n'était pas une exploration mais une difficile reconquête, l'aventure d'une patrouille de Sioux qui ont repris les pâturages perdus et invitent maintenant d'autres peaux-rouges à la rébellion. Merci pour ça, mes pieds. Vous m'avez appris à ne pas me contenter de sentiers tortueux construits pour contourner les obstacles, les dévastations et les hontes, mais à leur faire face, aux obstacles, aux dévastations et aux hontes, pour dénoncer les appropriations illicites et les méfaits. La force des chemins, c'est qu'ils se font tout seuls, sans avoir besoin de l'autorisation d'en haut. Une fois tracés, ils éveillent les endroits qu'ils traversent. Ils les changent pour le mieux. Ils

Le caractère presque épique d'une « difficile reconquête », qui est bien plus qu'un voyage, est un élément nécessaire pour donner de l'avenir à cette expérience, de sorte que beaucoup d'autres marcheurs décident de prendre le chemin et redéfinissent ainsi de mieux en mieux le parcours original. Même si la Via Appia ne deviendra jamais aussi célèbre que le Chemin de Saint-Jacques-de-Compostelle, la tentative de la redécouvrir la rend aux Italiens et en fait un patrimoine local et national. Plus encore, espère Rumiz, on peut renverser « il rapporto avariato tra gli italiani e la geografia », une relation qui s'est longtemps détériorée, à cause de laquelle les individus comme les institutions ne ressentent aucune gratitude envers les lieux qui composent leur identité, dissolvant ainsi les stratifications macro et micro-historiques qui les traversent. Le dépassement de l'indifférence envers les lieux, dû à une paresse culturelle généralisée, et son renversement, est la perspective qui, bien qu'avec des résultats différents, unit les trois écrivains-marcheurs, engagés dans une action « civile » complexe qui passe par les mots et les pieds.

Arrivée

En ce sens, on peut dire que pour ces écrivains-marcheurs, le but n'est pas l'arrivée, parce que l'objectif – contrairement à ceux qui ne sont que des marcheurs – se trouve toujours au-delà de la fin du voyage et concerne le désir d'avoir une incidence sur les problèmes politiques et sociaux du territoire italien. La narration d'une expérience personnelle devient l'occasion non seulement de partager la passion pour la pratique de la marche, mais aussi de prêter attention à la gestion du territoire par les institutions étatiques et par les citoyens qui ne sont pas intéressés à concevoir le paysage comme un bien commun fondamental. Comme nous l'avons vu, la particularité du voyage à pied, soulignée par les trois auteurs, est représentée par le fait que la marche ne se résume pas seulement à traverser des lieux, à relier des points éloignés sur la carte, mais correspond à faire l'expérience de la spécificité du parcours, des caractéristiques morphologiques de la voie, de la fatigue du corps qui ne peut aller qu'à sa propre vitesse et ne peut compter que sur ses propres forces. S'il est maintenant établi que la carte n'est pas le territoire mais une narration iconique de celui-ci[57], alors les écrivains construisent des récits ambulatoires

peuvent même renverser la relation détériorée entre les Italiens et leur géographie. Saint-Jacques de Compostelle n'était rien dans les années 1970. Maintenant, la ville voit défiler 200 000 personnes par an. L'Appia peut faire beaucoup plus. »

57 Voir Farinelli 2003.

qui rendent compte de leur expérience, mais invitent aussi les lecteurs à faire l'expérience directe du même chemin pour s'approprier d'une manière plus lente et plus naturelle des lieux sur lesquels sont gravés des fragments importants de l'Histoire italienne. Quand un acte aussi simple que la marche s'oppose à la dissolution du territoire et à l'homologation de la mémoire partagée, il peut vraiment devenir – pour reprendre le sous-titre de la traduction italienne du dernier livre du grand explorateur norvégien Erling Kagge – « un gesto sovversivo[58] ». Marcher, c'est donc désobéir à la narration officielle des lieux, redéfinis en fonction des besoins institutionnels de profit et de rapidité des transports, qui occultent la préservation du territoire, des gens qui y habitent et des histoires locales.

Dans ce contexte, il est utile de convoquer une discipline non académique appelée « paesologia », que le poète irpinien Franco Arminio a créée à partir des suggestions de la psychogéographie situationniste et des enquêtes microhistoriques de Carlo Ginzburg, la définissant comme « una forma d'attenzione[59] » aux petits villages dont la Péninsule est ponctuée, car il s'agit d'avoir « uno sguardo lento, dilatato, verso queste creature che per secoli sono rimaste identiche a se stesse e ora sono in fuga dalla loro forma[60] » (Arminio 2003). Il ne s'agit pas d'une discipline prescriptive mais une façon d'observer le paysage qui accorde plus d'attention aux éléments marginaux, aux petits villages semi-désertés perchés sur les montagnes, aux traditions englouties. C'est pourquoi la « paesologia » est donc – comme l'a souligné Giulio Iacoli dans un commentaire sur les différents projets d'Arminio (livres, blogs, festivals de poésie, marches) – « una disposizione, una tensione a concepire poeticamente il mondo circostante come prolungamento [...] degli stimoli e dei moti del corpo e dell'animo di chi scrive[61] » (Iacoli 2015). L'attention au paysage jaillit d'une traversée physique des lieux, dénuée d'intermédiaires, de récits d'autrui ou de moyens de locomotion rapide. Seul l'effort de la marche peut réactiver un regard sensible sur la conformation du territoire et des implantations anthropiques qui respectent l'environnement dans lequel ils se trouvent. C'est pourquoi Arminio répète souvent que la valeur de la marche à pied n'est pas touristique mais poétique, celle qui correspond à la réappropriation affective des lieux :

---

58 « Un geste subversif. »

59 « Une forme d'attention. »

60 « [...] un regard lent et dilaté sur ces créatures qui depuis des siècles restent identiques à elles-mêmes et qui fuient maintenant leur forme. »

61 « Une disposition, une tension à concevoir poétiquement le monde environnant comme un prolongement [...] des stimulations et des mouvements du corps et de l'âme de l'écrivain. »

> Camminare per guardare, camminare perché percepire è più importante che giudicare, guardare quello che c'è piuttosto che pensare il mondo come ce lo hanno descritto altri. È tempo di uscire, di sciamare nell'esterno, per vedere come ogni giorno qualcosa si disfa e qualcosa si forma. Non bisogna camminare per allungarsi un poco la vita, ma per renderla più intensa. Uscire a vedere, girare dietro e intorno alle cose, attraversarle, collezionare dettagli, misurare la realtà con la pianta dei piedi. (Arminio 2013 : 35[62])

L'activité de la « paesologia » ne s'adresse pas tant à ceux qui marchent déjà consciemment qu'à tous ceux qui ne marchent pas, qui restent assis derrière un bureau, les « infirmes » comme les appelle Arminio. Elle cherche à stimuler leur intérêt pour une pratique visant à redécouvrir les lieux. En conclusion, on peut dire que toutes les œuvres considérées ont en commun un double objectif : défier les institutions afin qu'elles prennent en considération un modèle de développement différent respectueux des spécificités géophysiques, culturelles et sociales de la Péninsule italienne, en évitant d'opposer d'autres obstacles au mouvement bipède ; dans le même temps, inciter ceux qui ne marchent pas à envisager la possibilité de faire une expérience pédestre directe du territoire, afin de réactiver une relation plus naturelle entre l'Homme et le paysage, une relation qui semble maintenant totalement compromise pour un peuple qui ne veut mettre en valeur que les lieux du tourisme de masse[63].

Bibliographie

Aime Marco, *L'incontro mancato*, Torino, Bollati Boringhieri, 2005.

Arminio Franco, *Viaggio nel cratere, con una lettera di Gianni Celati*, Milano, Sironi, 2003.

— *Geografia commossa dell'Italia interna*, Milano, Bruno Mondadori, 2013.

Benvenuti Giuliana, *Romanzo neostorico italiano : storia, memoria, narrazione*, Roma, Carocci, 2012.

Biondillo Gianni et Monina Michele, *Tangenziali : due viandanti ai bordi della città*, Guanda, 2010.

62 « Marcher pour regarder, marcher parce que percevoir est plus important que juger, regarder ce qui est là plutôt que penser au monde tel que les autres nous l'ont décrit. Il est temps de sortir, d'essaimer, de voir comment chaque jour quelque chose se défait et quelque chose se forme. Il ne faut pas marcher pour allonger un peu sa vie, mais pour la rendre plus intense. Sortir pour voir, faire demi-tour et contourner les choses, les traverser, recueillir des détails, mesurer la réalité avec la plante des pieds. »

63 Sur le tourisme comme pratique de consommation, voir Aime 2005.

Brizzi Enrico, *Danubio. Storie di una nuova Europa*, Milano, Studio Tesi, 1990.

— *La linea dei mirtilli*, Roma, Editori Riuniti, 1993.

— *Maschere di un massacro*, Roma, Editori Riuniti, 1996-1999.

— *Nessuno lo saprà : viaggio a piedi dall'Argentario al Conero*, Milano, Mondadori, 2005.

— *Il pellegrino dalle braccia d'inchiostro*, Milano, Mondadori, 2007.

— *La via di Gerusalemme : in cammino da Roma alla Città tre volte santa*, Portogruaro, Ediciclo, 2009.

— *I diari della Via Francigena : da Canterbury a Roma sulle tracce di viandanti e pellegrini*, Portogruaro, Ediciclo, 2010.

— *Gli psicoatleti*, Milano, Dalai, 2011.

— *La classica di Toscana : cinque giorni dalla Versilia a Firenze per Lucca e San Miniato*, Firenze-Milano, Giunti, 2016.

— *Il giro del Levante ligure : quattro giorni dalle alture del Tigullio alle Cinque Terre*, Firenze-Milano, Giunti, 2016.

— *Il sogno del drago : dodici settimane sul Cammino di Santiago da Torino a Finisterre*, Milano, Ponte alle Grazie, 2017.

Brizzi Enrico et Manfredi Maurizio, *Il pellegrino dalle braccia d'inchiostro*, Milano, Rizzoli Lizard, 2009.

Brizzi Enrico, Fini Marcello et Zamuner Samuele, *Italica 150 : cronache e voci da un paese in cammino*, fotografie di Francesco Monti, Bologna, Pendragon, 2011.

Careri Francesco, *Walkscapes : camminare come pratica estetica*, Torino, Einaudi, 2006.

Caucci Paolo et Asolan Paolo, *Cammini in Europa : pellegrinaggi antichi e moderni tra Santiago*, Roma e la Terra Santa, Milano, Terre di Mezzo, 2009.

D'Atti Monica et Cinti Franco (dir.), *Guida alla via Francigena*, Milano, Terre di Mezzo, 2004.

Farinelli Franco, *Geografia : un'introduzione ai modelli del mondo*, Torino, Einaudi, 2003.

Gianotti Luca, *L'arte del camminare : consigli per partire con il piede giusto*, préface de Wu Ming 2, Portogruaro, Ediciclo, 2011.

Gruppo di Escursionisti e Buongustai bolognesi (dir.), *La via degli dei a piedi e in bici : da Bologna a Firenze seguendo antichi sentieri e la strada romana Flaminia Militare del 2. secolo a.C.*, Masera di Padova, Tamari Montagna, 2007.

Kagge Erling, *Camminare. Un gesto sovversivo*, Torino, Einaudi, 2018.

Iacoli Giulio, « L'invenzione della "paesologia". Franco Arminio e le nuove zone del racconto in Italia » [2008], in *Comunità provvisorie*, 2015, https://comunitaprovvisorie.wordpress.com.

Le Breton David, *Il mondo a piedi : elogio della marcia*, Milano, Feltrinelli, 2001.

Lingiardi Vittorio, *Mindscapes. Psiche nel paesaggio*, Milano, Raffaello Cortina, 2017.

Macfarlane Robert, *Le vie antiche*, Torino, Einaudi, 2013.

Ollivier Bernard, *Una strada per ricominciare : da Santiago de Compostela alla Via della Seta*, Milano, Terre di Mezzo, 2010.

Piacentini Paolo, *Appennino atto d'amore*, préface de Rumiz, Milano, Terre di Mezzo, 2018.

Ravera Lidia, Bonvicini Caterina, Longo Francesco et Pascale Antonio (dir.), *Cammin scrivendo : scrittori sulla Via Francigena*, Venezia, Marsilio, 2014.

Rumiz Paolo, *Morimondo*, Milano, Feltrinelli, 2012.

— *Appia*, avec Riccardo Carnovalini, chercheur de voie, Milano, Feltrinelli, 2016.

Solnit Rebecca, *Wanderlust. A History of Walking*, London, Verso 2001 (trad. fr. D'Oristelle Bonis, *L'Art de marcher*, Arles, Actes du Sud, 2004).

Turri Eugenio, *Il paesaggio come teatro : dal territorio vissuto al territorio rappresentato*, Venezia, Marsilio, 1998.

— *La conoscenza del territorio. Metodologia per un'analisi storico-geografica*, Venezia, Marsilio, 2002.

Wu Ming 2, *Il sentiero degli dei* [2010], Portogruaro, Ediciclo, 2015.

— *Il sentiero luminoso*, Portogruaro, Ediciclo, 2016.

Wu Ming 2 (dir.), *La via del sentiero : un'antologia per camminatori*, trad. Frulla Francesca, Roma, Edizioni dei cammini, 2015.

Ghost mobility

Entracte (en langue étrangère)

Adrien Frenay

Alors qu'on suivait les canaux de Bologne avec Wu Ming 1 et Wu Ming 2

All throughout our lives, we take paths and roads. We stroll through cities with new and old friends.

We move, commute, relocate.

We run happily to reunite or to leave.

We chat our way through parks with unexpected encounters and soon-to-be lovers. Places and crossings are nods and stitches of a never sewn fabric.

We take trains. We embark. We prepare for landing. We wait in airports. We tour the place and its shops before boarding.

We lose track of these furrows. We forget. We make room for new memories. We ceaselessly fail to indent landscapes and cobbles and pavement.

There is no more trail to follow, no more footprints, no more traces of our presence.

Cities and boroughs change.

Towers rise and fall in Johannesburg and in Detroit.

Tramways disappear along with their ground and air tracks. Stations are erected to fall into dereliction.

Roads are built and broadened and reshaped and connected to other roads.

Routes are followed and abandoned and deviated for good.

All that is solid melts into air.

On streets, on trains, on ships, on planes, we walk on sand.

Winds, architects, urbanists, politicians blow on our erratic traces.

As ghosts and spectres they stay — for years or hours.

What has been remembered by people and places — that have already changed ?

Where is the canal and the ships and the ports and the adventurous lives of Bologna ?

What happens to routines of our childhood ?

Who keeps track of our aerial routes ?

How do I speak about the night walks with M ? about the wanderings with A ? about this glowing afternoon with D ?

What is the difference between remains of old railways, the dried beds of ancient rivers, and the adventures of Phileas Fogg ? What remains of them ? Which futures have we lost ? What's left of their *slow cancellation* ?

Aren't they all spectres in landscape ?

Don't we see them, the characters, the words, the lost loves, the departed ones, friends and foes, when we follow their steps ?

Will I remember the lines we wrote with our feet as we drifted off course ?

They're all signs of ghost mobilities. *silent snow, secret snow*, all the ruins of ancient canals, the stones remaining from Roman streets, useless tracks on roads, moved bus stops, every junction of the London Orbital, squatted stations, the cheerful ambulation of Raphaël, reveries of a solitary walker, metro lines I took with my father on Wednesdays when I was 6, music I listened to which now helps me remember landscapes and emotions.

Glimpses of the world, inside and outside.

Traces of us moving on a continuously reshaped outer world ; places of our inner life.

Entre « espace queer » et « paysage queer » : imaginer/ressaisir un sens littéral

Giulio Iacoli
Università degli Studi di Parma

Traduction d'Adrien Frenay

Vers une réappropriation critique

Est-il possible de réconcilier, d'une part, l'épaisseur théorique et la nature polémique du « queer » et, d'autre part, le sens littéral de « paysage », c'est-à-dire l'expérience vécue, corporelle de dire et de percevoir l'espace ?

Ce n'est pas, de ma part, une question rhétorique. Une étude approfondie du champ des « géographies de la sexualité » (voir Brown et Knopp 2007) fournit relativement peu de points d'appui pour établir cette relation. Alors qu'il est plutôt courant de parler d'un « espace queer » – bien que, en d'autres termes, « l'espace » soit visiblement employé métaphoriquement, incluant une multiplicité d'acteurs et de pratiques vus sous l'angle des interactions sociales et spatiales –, l'existence d'une généalogie queer du paysage, ou la possibilité même de l'imaginer, restent encore à faire émerger et à explorer. À une époque où « les notions d'"espace" et de "queerness", dans toutes leurs formes, se rejoignent de manière cruciale et historique sur la carte de la pensée politique et culturelle » (Ingram, Boutilhette, Retter 1997 : 4), peu d'attention est portée à la compréhension d'une expérience de la nature d'ordre privée, principalement perceptive, liée aux questions de la dissidence sexuelle. On peut déceler, à l'origine d'une telle contradiction, la distance flagrante qui sépare la construction historique du sujet sensible hétérosexuel, figure moderne-romantique, bourgeoise et blanche, enrichissant sa propre expérience de la perception de la nature de manière indifférente – voire inepte, pour certains –, et l'urgence de l'agenda souvent conflictuel de la subjectivité queer.

Nous pouvons ajouter que la question est pressante : avec l'exception que constitue le goût spécifique *fin-de-siècle*[1] pour l'exotisme, mis en scène de manière exemplaire dans la visite des vestiges de la Grande-Grèce et de l'Afrique du Nord entreprise par le personnage *immoraliste*[2] d'André Gide, ou pour les perceptions isolées du désert, pour les espaces fragmentaires et inhospitaliers, la littérature contemporaine produit un nombre déroutant d'exemples de paysages urbains perçus comme des espaces primaires de socialisation et d'affirmation de soi pour le sujet queer. Je reviendrai bientôt sur cette distinction ainsi que sur la représentation queer pionnière de Gide. Mais tout d'abord, il est nécessaire de prendre en compte la diversité intrinsèque des conditions essentielles qui régissent l'expérience du paysage : celle qu'implique le regard. Lorsque nous parlons de regard queer, nous devons garder à l'esprit la complexité perceptive qu'implique une telle expérience. Comme l'affirme Jack (connu auparavant sous le nom de Judith) Halberstam dans son important essai *In a Queer Time and Space* (2005), les personnes queer sont marquées, ou, littéralement, « traversées », par des manières de vivre alternatives, qui impliquent souvent des manières de percevoir les possibles dangers et des tactiques qui servent à se protéger de l'oppression ; des trajectoires obliques, souvent suivies grâce à des mouvements, des pratiques, des rôles, transgressifs – on pense par exemple à la prostitution, notamment chez les personnes transgenre et gay ; des emplois du temps alternatifs, qui dépassent la distinction normative entre jour et nuit, entre l'*otium* de la semaine et le *negotium* du weekend, consacré généralement à la famille ; des manières très diversifiées, donc, de consommer le temps et l'espace (Halberstam 2005 : 1-21).

Une fois établie cette hypothèse de départ, nous devons faire un pas en avant et chercher à rétablir l'*agency*, à se réapproprier toute la valeur d'un regard subjectif – recouvert par des représentations de la nature apparemment non sexualisées –, qui existe tout au long du XXe siècle. Situer de manière adéquate le regard porté sur la nature est une première étape, même si elle n'est que provisoire. Parmi les nombreuses difficultés qui guettent le chercheur dans cette entreprise, se fait ressentir l'absence troublante de signes attestant la possibilité de lire le désir et la subjectivité queer dans les représentations canoniques de la nature, et cela jusqu'à une période très récente. À différentes époques et dans différentes cultures, l'irréductible *singularité* de l'expérience du paysage (Roger 1997) n'est pas moins perturbante, dès lors que la réaction subjective, la pluralité complexe des *stimuli* et de la conscience impliquée dans l'action de voir

1 En français dans le texte. [NdT]

2 En français dans le texte. [NdT]

s'avèrent presque totalement imprévisibles. Après tout, les disciplines de l'aménagement s'occupent des *espaces*, pensés comme étant parcourus par la multitude, et non du paysage, qui peut, à tout le moins, résulter d'un dessin, et donc porter la trace d'une intervention individuelle ; ou alors, si nous regardons de plus près un moment crucial de l'histoire de la formation du concept de paysage, le continuum qui s'étend du XVIIIe siècle au XIXe siècle – l'aménagement s'intéresse à son expression la plus géométrique, la plus domestique, à son aspect le plus rationnel, c'est-à-dire au jardin (Jakob 2005 : 149 *sq.*).

Ceci étant dit, le travail qui consiste à retracer l'Histoire des paysages littéraires queer peut s'avérer frustrant : comment saisir, c'est-à-dire fixer au sein d'un canon, ce qui est de manière fondamentalement fluide et intersectionnel – en d'autres termes, ce qui correspond à des différences et à des oppressions de nature multiple ? Il est plus prometteur alors d'opérer de manière clairement théorique et interdisciplinaire afin de chercher à articuler la dialectique des géographies vécues et des géographies imaginaires au sein des textes littéraires. S'attachant à caractériser les frontières qui séparent la perception réelle de l'espace et ses réinventions subjectives, et dans le même temps à considérer comme cruciales pour la formation de la perception subjective la dialectique de l'apprentissage du territoire et de la mobilité, mon analyse va nécessairement remettre en question l'idée quasi tautologique de « paysage naturel », opposée par d'éminents spécialistes de géographie ou d'esthétique à la notion intrinsèquement incohérente de « paysage urbain ».

Plutôt que de séparer arbitrairement la possibilité, si ce n'est l'illusion, d'un sens objectif de l'espace de la puissance créatrice, le *je-ne-sais-quoi*[3] du paysage (comme si la géographie culturelle, parmi d'autres disciplines, ne nous avait pas enseigné la matérialité ainsi que les implications profondément politiques du terme [Mitchell 1994]), je cherche ici à mettre en lumière une continuité.

Par conséquent, je veux trouver une base interprétative commune à l'aide de laquelle interroger les textes et contribuer ainsi à dévoiler le rôle des conditionnements personnels et sociaux dans la formation d'une sensibilité spatiale queer ou à souligner la nature nécessairement unique et plurielle de l'expérience, dans la formation des paysages queer.

Pour conclure ces remarques introductives, il est nécessaire de dire que la rupture qui s'établit entre, d'une part, la phase initiale, consistant dans le développement précoce de l'étude de la tradition littéraire gay

[3] En français dans le texte. [NdT]

et lesbienne tout au long des années 1970 et 1980, et d'autre part, les décennies qui ont suivi, témoin du détachement grandissant des intérêts d'origine concernant les usages de la littérature, induits par les plus récentes transformations au sein des études queer, participe à altérer la validité méthodologique des « paysages queer » pour l'analyse critique. Nous pouvons alors chercher ailleurs une légitimation critique ; il nous faut intercepter les études qui privilégient l'importance des interactions entre les formes littéraires et les structures spatiales et, plus particulièrement convoquer la géocritique – la *géocritique* de Bertrand Westphal (2000 et 2007) –, dont les protocoles comprennent des stratégies aussi essentielles que les lectures stratigraphiques et les observations multifocales d'un même lieu. Westphal considère les regards *exogènes* comme particulièrement innovants et importants pour améliorer notre compréhension des strates historiques et des contradictions actuelles dont un lieu est fait, ce qui le conduit à mettre l'accent sur les études postcoloniales et sur la disruption des catégories stables occidentalo-européo-centrique telles qu'elles sont portées par la littérature des minorités. Selon lui :

> L'étude intégralement consacrée au point de vue d'un auteur ou d'un groupe d'auteurs participant d'une isotopie identitaire est bien entendu légitime. Mais elle ne saurait exclure un autre type de démarche qui, au lieu de s'inscrire au cœur du champ littéraire, occuperait les bordures, l'interface entre la littérature et ce qui est lui contigu. Omettre cette interface dévoile une posture où la séparation entre la littérature et le monde est envisageable, voire sanctionnée. Cette posture est souvent celle de l'Occidental, pour qui l'univers littéraire et spatial sont assez stables et distincts pour qu'on puisse les démarquer à coup sûr. Le clivage se relativise pourtant à mesure que l'on s'éloigne du centre, comme ont pu le démontrer les *Postcolonial Studies*.
>
> Les dernières décennies ont été le théâtre d'une reconstitution, voire d'une réélaboration des espaces, dans les anciennes colonies, mais aussi dans la plupart des pays d'Europe centrale et orientale, voire, sous l'impulsion des minorités, dans moult nations dont les contours ont résisté aux assauts de l'Histoire (dans sa version tragique : colonialisme, guerres). Dans le cadre européen, les ouvrages littéraires – ou à dominante littéraire – appelés à dégager une géographie alternative ont proliféré. (Westphal 2007 : 188-189)

J'adhère évidemment à une description critique aussi brillante, mais je soutiens que le point de vue extérieur provenant d'un sujet queer peut s'avérer tout aussi productif, quant au développement de « géographies alternatives » et, ce faisant, peut enrichir notre perception de la réalité représentée. Je vais alors essayer de mettre en relation des exemples distincts d'approches méthodologiques à la fois thématiques et généalogiques de la dissidence queer, telle qu'elle se déploie dans la littérature contemporaine. Les exemples choisis risquent de provoquer une sensation de confusion s'ils sont considérés uniquement sous l'angle de la chronologie, car plusieurs décennies les séparent et font apparaître un contraste révélateur entre la sensibilité littéraire moderniste et les déclarations postmodernistes d'auto-affirmation queer et transgenre. Et cependant, le *modus operandi* à la fois généalogique et transgressif que je privilégie ici, résultat de l'interférence entre un concept aussi transhistorique et transculturel que celui de « queer » (Ceballos Muñoz 2005) et celui de « paysage », autorise, selon moi, à concevoir la possibilité de rapprocher ces deux exemples. Une telle méthode veut mettre en exergue la capacité de quelques représentations ou de quelques moments précis, à rayonner, et ainsi à exercer une influence durable qui change nos manières de voir et d'interpréter la réalité qui nous entoure.

Lire un ancêtre (puis d'autres) : perturber les appropriations de l'espace

Puisqu'il s'agit de retracer des généalogies, il est de la plus haute importance de souligner maintenant le rôle charnière que joue André Gide, à la fois parce qu'il offre une représentation de la sensibilité gay moderne, mais aussi parce qu'il projette cette même sensibilité sur ce que j'appellerai un *paysage spectacularisé.* Il se pourrait qu'un roman aussi classique que *L'Immoraliste* (1902) n'oriente pas tant notre attention sur la suite diachronique des événements, comme le permet la structure englobante du journal, que sur un effet efficace de *dispositio,* c'est-à-dire d'organisation signifiante des espaces. À cet égard, il est possible de parler de réappropriation queer de l'espace dans ce roman. Elle consiste en une série d'étapes, de mouvements dans l'espace, qui visent à retrouver une liberté spirituelle, permettant au protagoniste du roman, Michel, d'adopter la doctrine revitalisante de l'*immoralisme*, que lui inspire Ménalque, un personnage secondaire enraciné dans le vice et l'isolement orgueilleux. De manière générale, au niveau opérationnel de la construction de l'intrigue, il est possible de considérer que la transformation personnelle et morale de Michel est déterminée par son détachement progressif de Marceline, menée lentement et inexorablement à sa mort – c'est un fait connu – épuisée par les efforts qu'elle doit consentir pour suivre les trajectoires violentes de son mari, en fuite continuelle. Or, à un niveau plus spécifique, celui d'une lecture queer du texte, la fébrilité de Michel sert plutôt à attirer l'attention du lecteur, à révéler une vérité perturbante concernant l'identité queer du personnage principal masculin.

Le secret ne recouvre pas seulement, pour Michel, l'éveil d'une sexualité cachée mais concerne aussi le plaisir de découvrir sa nature marginale. C'est cette marginalité qui définit le mieux le caractère insaisissable du « queer », selon les descriptions qu'en font certains des critiques les plus influents : un résidu perturbant, le noyau insaisissable et implacable du sujet, rejetant les liens normatifs sociaux et familiaux, qui se consacre à des pratiques privées et hétérogènes, situées à la frontière du visible et de l'invisible. C'est un ensemble de dynamiques en partie liées à la spécificité de l'espace et du temps queer, décrits plus haut à l'aide d'Halberstam. Il faut lire la confession narrative de Gide en gardant à l'esprit le penchant pour les criminels et la criminalité telle qu'ils sont mis en avant par Gide et Genêt, sous la forme d'un *topos* narratif, qu'étudie attentivement Leo Bersani dans l'important essai *Homos*, où *L'Immoraliste* est considéré comme un roman qui parle de pédérastie ou d'homosexualité sans parler de sexualité – au sein duquel le sujet désirant se contente de la simple proximité ou, tout au plus, du simple contact avec l'autre (Bersani 1995 : 118-119).

Une telle concentration de manifestations de la sexualité nous permet de comprendre que la perception de l'espace, dans le roman, est très importante ; nous permet, plus précisément, d'en déduire l'idée d'un spectacle du paysage, qui désigne une représentation invariablement narcissique, grâce à laquelle le paysage devient non seulement l'objet d'une appropriation par l'auteur gay, qui enrichit la palette lexicale qui sert à décrire les beautés de la nature, ce que fait Michel au cours de ses voyages dans le Sud de l'Italie et en Afrique du Nord, mais devient aussi l'occasion d'un dialogue intérieur aux accents exotiques – à la fois réflexions des sentiments turbulents du personnage (conformément à la tradition canonique et plus particulièrement romantique) et, à l'extérieur, l'occasion de transformer, grâce à la rencontre d'un Autre subversif, le cours moral de sa propre existence.

Deux passages de *L'Immoraliste*, parmi d'autres, expliquent de manière emblématique la construction du paysage queer. Le premier se situe dans la première partie du roman, en Tunisie, tout juste après le mariage de Michel et Marceline. Michel, qui a souffert d'une forme sévère de tuberculose, est encore convalescent ; néanmoins, il s'avère un jour assez en forme pour suivre Marceline qui visite des jardins enchantés, situés aux alentours de leur maison de Biskra. À cet endroit, Michel trouve une forme d'éclat qui le sauve de la prostration de l'alitement. La description reprend la forme canonique du *locus amœnus*, sa brise légère, l'ombre fraîche des palmiers, la présence calme et apaisante d'un cours d'eau à proximité et même le chant des oiseaux, entourant les deux personnages d'un exotisme exquis. Les vestiges de l'antiquité classique – les restes d'un monde qui inspire profondément Michel, qui est sur le point de devenir chercheur en Civilisations antiques – fournissent l'arrière-plan essentiel et reconnaissable, bien qu'il soit ici quelque peu déformé et réécrit afin de composer un tableau à la fois sensuel et *camp* :

> J'oubliais ma fatigue et ma gêne. Je marchais dans une sorte d'extase, d'allégresse silencieuse, d'exaltation des sens et de la chair. À ce moment, des souffles légers s'élevèrent ; toutes les palmes s'agitèrent et nous vîmes les palmiers les plus hauts s'incliner ; puis l'air entier redevint calme, et j'entendis distinctement, derrière le mur, un chant de flûte. Une brèche au mur ; nous entrâmes.
>
> C'était un lieu plein d'ombre et de lumière ; tranquille, et qui semblait comme à l'abri du temps ; plein de silences et de frémissements, bruit léger de l'eau qui s'écoule, abreuve les palmiers, et d'arbre en arbre fuit, appel discret des tourterelles, chant de flûte dont un enfant jouait. Il gardait un troupeau de chèvres ; il était assis, presque nu, sur le tronc d'un palmier abattu ; il ne se troubla pas à notre approche, ne s'enfuit pas, ne cessa qu'un instant de jouer.
>
> Je m'aperçus, durant ce court silence, qu'une autre flûte au loin répondait.
>
> (Gide 2009 : 615-616)

La polyphonie ici harmonisée, paysage littéraire complexe et construit, porte la marque du regard queer décrit auparavant. L'impression de régénération de l'esprit et du corps que ressent Michel est liée aux effets de la séduction visuelle, qui prend sa source dans la quasi nudité du joueur de flûte. Ce panorama fait écho à la fin du chapitre : dans les jours qui suivent, de retour dans son lit, Michel se réconforte avec l'un des protégés[4] de Marceline. L'enfant, nommé Moktir, vole une paire de ciseaux et provoque chez Michel, qui observe sans être vu grâce un miroir, une émotion violente (« je ne parvins pas à me prouver que le sentiment qui m'emplit alors fût autre chose que de l'amusement, de la joie » [Gide 2009 : 618]). Ainsi, ce paysage queer peut-être lu comme une prolepse, ou un avertissement, au tout début d'un processus d'éveil qui permet à Michel de percevoir pleinement « une curieuse révélation sur moi-même » (*ibid.*) : par extension, le plaisir subtil d'être volé, l'admiration ou le culte des marginaux, thème qui prospère dans la tradition littéraire gay au cours de la seconde moitié du XXe siècle (pensons, par exemple, aux récits de John Rechy : *City of Night*, 1963 et *Numbers*, 1967 ; ou à Edmund White : *A Boy's Own Story*, 1982).

---

4 En français dans le texte. [NdT]

Dans la seconde partie du roman, le passage de l'idylle à La Morinière, le domaine familial dans la campagne normande où Michel et Marcelline, qui est tombée malade à la suite d'une fausse couche, se sont installés, prolonge ce motif. Cependant, c'est une idylle déceptive, puisque le foyer qu'ils souhaitaient construire tous les deux est bientôt remplacé par le comportement anxieux et centrifuge de Michel – qui fait montre d'une disposition pour la fuite, sortant la nuit jusqu'au lever du jour avec Alcide, le plus jeune fils du fermier, avec lequel il braconne sur ses propres terres. Au moment le plus intense du masochisme de Michel, une opposition spatiale vient au premier plan du récit : l'expérience libre et attirante d'autres temps (« ivre de nuit » – pendant que toute la Morinière dort) et d'autres espaces (« la grange ») s'oppose à la logique quotidienne du travail et aux habitudes familiales (« mon lit » / la chambre de Michel / La chambre de Marceline).

L'éveil d'un plaisir queer bouleverse manifestement, même au niveau spatial, la logique familiale. La sensation d'exaltation imprègne toute la description du paysage. La vie sauvage et débordante de l'extérieur s'oppose aux intérieurs hermétiques, au manque palpable de vitalité, à l'horreur, que Michel, au plus fort de la description, associe aux devoirs conjugaux :

> Lui disparu, soudain, je restais affreusement seul ; et je rentrais à travers champs, dans l'herbe lourde de rosée, ivre de nuit, de vie sauvage et d'anarchie, trempé, boueux, couvert de feuilles. De loin, dans la Morinière endormie, semblait me guider, comme un paisible phare, la lampe de ma chambre d'étude où me croyait enfermé Marceline, ou de la chambre de Marceline à qui j'avais persuadé que, sans sortir ainsi la nuit, je n'aurais pas pu m'endormir. C'était vrai : je prenais en horreur mon lit, et j'eusse préféré la grange. (Gide 2009 : 669-670)

Ailleurs

Laissons là la dimension immoraliste du personnage de Michel, que Gide oppose à l'abnégation et à l'attention, deux qualités essentielles du père de famille, pour nous intéresser plutôt à la manière dont son caractère égocentrique, anarchiste et intransigeant définit précisément le ton du sujet queer pour les décennies à venir. À côté du *topos* du criminel gay/lesbien/transgenre, qui s'avère très présent dans la fiction de nos jours depuis le *new queer cinema* des années 1990 (Rich 2013), s'érige le regard du marginal, qui représente la résistance aux usages normatifs de l'espace et qui provient aussi de deux ouvrages qui pourraient être conçus comme des classiques queer des années 1980 et 1990. Je fais ici référence à deux œuvres non fictionnelles qui cherchent des manières alternatives de produire de l'autobiographie, à l'aide des mythes, de la religion, des traditions et des superstitions.

À la fin du XXe siècle, ces deux œuvres, *Zami : A New Spelling of My Name*, d'Audre Lorde (1982), définie par l'auteure comme une biomythographie, et *Borderlands / La Frontera* de Gloria Anzaldúa (1987), racontent des histoires d'*in-between-ness* et montrent d'un point de vue intersectionnel les effets produits par des formes d'oppressions entrelacées, principalement sexuelles, raciales et de classe. *Zami* se présente de manière plutôt linéaire, conformément aux règles qui régissent les Mémoires et résulte d'un travail mémoriel important. *Borderlands*, au contraire, est composé de matériaux disparates, mêlant prose et poésie, alternant des réflexions rationnelles sur le rôle de la *mestiza* chez les chicanos et, par extension, au sein du monde occidental, avec des parties théoriques créatives plus subjectives, imprégnées d'une pensée du mythe, des chiffres et des rituels propre à la *Santeria* (l'auteur pense, par exemple, que les gays et les lesbiennes ont accès à un sens supplémentaire, *la facultad*, du fait de leur effort constant pour être dans le même temps l'un et l'autre, « question de survie », c'est-à-dire le fait de cultiver à la fois des qualités attribuées traditionnellement aux hommes ou aux femmes ; voir Anzaldúa 2000) – alternance qui en dit long sur les retours incessants d'Anzaldúa vers ses racines mexicaines ou sur sa manière de s'y confronter.

Cependant, nonobstant leurs différences, les deux livres font s'exprimer des personnages dont le statut est modifié – celui de l'expatrié, de l'intellectuel urbain établi, pris entre le désir ardent du pays et du peuple auquel on appartient et sa fuite. Ainsi, bien loin de se désagréger, les paysages de leur enfance, pour Anzaldúa, ou les souvenirs affectueux de l'enfance de sa mère, dans le cas de Lorde, produisent toujours une imagerie bien visible. Les parfums, les souvenirs familiers, les mots et la nourriture de l'étranger, percent le ciel gris des jours froids de Brooklyn dans les années 1950 et donnent envie à la jeune Audre de consulter des atlas et des encyclopédies à la recherche du pays caribéen de sa mère, la mystérieuse, la secrète, la lointaine et bien nommée Carriacou (d'où provient le sens du mot « Zami », qui désigne les femmes qui ont des relations sexuelles avec d'autres femmes).

Mais, depuis la position privilégiée de la frontière, le paysage idéalisé de l'ailleurs présente des crevasses et des dangers. Comme le note Anzaldúa (1987 : 43), « conozco el malestar de mi cultura[5] » : elle ne justifie pas

---

5 « [...] je connais le mal-être de ma culture ».

la culture oppressive macho. Se tenir à la frontière ne l'empêche pas de percevoir l'aspect précaire et vulnérable de la position qu'elle occupe en tant que femme non-blanche et lesbienne. Au contraire, en reliant les cultures, les chicanas sont les témoins d'une multiplicité de conflit et de contradiction.

Et plus encore, la construction d'un espace queer et personnel dans *Zami*, qui répond à la nécessité d'éviter le danger et les discriminations, doit être lue comme le résultat d'une organisation tactique, ou de la réécriture de la carte urbaine, où les topographies sont tracées dans le but de préserver et d'apprécier les réseaux de solidarité ; où les rues et les pâtés de maisons, les bars lesbiens de Manhattan prennent une valeur spéciale et jouent un rôle dans l'histoire de l'éducation de Lorde (Iacoli 2017).

Tout en exprimant la séduction d'un exotisme pur, Zami structure et s'approprie un paysage urbain riche et détaillé : vu au départ comme un espace d'exclusion et de danger imminent, il devient un écosystème attirant et complexe. Nous pouvons maintenant souligner à quel point l'histoire de la mobilité d'Audre Lorde, son l'apprentissage spatial, la reconstruction qu'elle propose d'une carte personnelle, incluse au sein d'un espace collectif plus large, est révélatrice de la condition actuelle des personnes queer.

Paysages en éclats

En guise de conclusion, je voudrais évoquer *Princesa* de Fernanda Farias de Albuquerque, l'un des premiers exemples relevant de la littérature italienne de la migration. Le livre soulève des questions concernant sa paternité, puisqu'il est apparu, en 1994, accompagné de la mention, en gros caractères, d'un co-auteur, Maurizio Jannelli (Fracassa 2012 : 114-136 ; Mengozzi 2013 : 109-114), mais je me concentre ici sur la confession englobante d'une *Bildung* transgenre. Comparé à la tradition ultérieure de la littérature migrante en Italie, le texte semble développer une sensibilité inégalée pour l'aménagement du paysage ; il exprime la relation particulière qui se noue entre le souvenir des lieux et la rhétorique de la transformation sexuelle. Né garçon dans la région du Nordeste du Brésil, Fernandinho, le personnage principal, se souvient des paysages immaculés comme des espaces à la fois familiers et troublants. Ils sont liés à chacune des étapes qui le/la mènent vers la reconnaissance de son identité de *veado* ou de *veadinho* car il/elle se situe, souvent de manière lyrique, au sein de paysages vivants et pleins de sens :

> La nuova strada taglia per boschi e campi, trovo sempre chi mi avvicina. Contadini poveri, cacciatori. Gli uomini non mi spaventano più. Li cerco, mi aspettano. Faccio io, quello che voglio io. Francisco insisteva, mi metteva in guardia. È pericoloso andare solo per il bosco, c'è il gatto selvatico, il serpente ! [...] Mamma, vado a cercare frutta nel bosco. Non mi rispondeva. Cícera non sentiva, non aveva più occhi per guardare. Imbu, cajarana, pitomba, tutta frutta di foresta, non la raccoglievo. Mi truccavo di nascosto, un accenno. Mi annodavo il fazzoletto in testa come le contadine nordestine. Qualche volta mettevo anche gli orecchini. Scalavo il cajueiro e ad ogni sparo dei cacciatori facevo voce e cantavo. Che fai qui ragazzino ? Raccolgo frutta. Spaventi la selvaggina, torna a casa. No, se prima non mi fai vedere il cazzo ! Il mio José imprecava il Santo ma io non lo mollavo, io sapevo come. Era la mia preda giornaliera. *Nel fitto degli alberi cedevano – moltissimi – alla mia sottomissione.* Gli catturavo il desiderio negli occhi, tra le gambe. Senhor José, deixa eu ver seu caralho ! Parole magiche, terremotavano le loro teste con turbamenti e confusioni. Nel bosco il Principe con me regnava, io lo servivo. Con la bocca, con il culo. (Farias de Albuquerque 1994 : 27-28[6])

En imposant sa volonté aux travailleurs ou aux chasseurs, qu'il attend dans les arbres, Fernandinho *maîtrise* le paysage et s'autonomise : Fernanda/Princesa suit les étapes de la transformation globale de son corps à mesure qu'elle maîtrise la ville et ses trottoirs, qu'elle revendique comme siens lorsqu'elle devient une travailleuse sexuelle très demandée. Et néanmoins, lorsqu'elle déménage vers des villes brésiliennes plus grandes et, ensuite, vers les capitales de l'Europe, la parabole de Princesa dévoile la distance grandissante qui la sépare de paysages dont elle pourrait faire pleinement l'expérience ou qu'elle pourrait contempler. À la fin du récit, elle se retrouve entourée d'espaces gris et périphériques qui forment un paysage muet :

---

6 « La nouvelle route coupe à travers bois et champs, j'y trouve toujours quelqu'un qui s'approche de moi. Fermiers pauvres, chasseurs. Les hommes ne me font plus peur. Je les cherche, ils m'attendent. Moi, je fais tout ce que je veux. Francisco a insisté, m'a mis en garde. C'est dangereux d'aller seul dans les bois, il y a le chat sauvage, le serpent ! [...] Maman, je vais chercher des fruits dans les bois. Elle ne me répondait pas. Cícera n'entendait pas, elle n'avait plus d'yeux pour regarder. Imbu, cajarana, pitomba, tous les fruits de la forêt, je ne les cueillais pas. Je me maquillais en cachette, à peine. Je nouais un foulard autour de ma tête comme les paysans du Nordeste. Parfois, je portais même des boucles d'oreilles. Je grimpais le cajueiro et chaque fois que les chasseurs tiraient, je faisais voix et je chantais. Qu'est-ce que tu fais là, petit ? Je ramasse des fruits. Tu vas effrayer le gibier, rentre à la maison. Pas si tu ne me montres pas ta bite d'abord ! Mon José en appelait au Saint, mais je ne l'ai pas laissé aller, je savais comment. C'était ma proie quotidienne. *Au milieu des arbres, ils cédaient – très nombreux – à ma soumission.* Je capturais leur désir dans les yeux, entre les jambes. Senhor José, deixa eu ver seu caralho ! Des mots magiques secouaient leurs têtes avec perturbations et confusions. Dans les bois, le Prince régnait avec moi, je le servais. Avec la bouche, avec le cul. »

> Di Madrid non sapevo niente, non mi interessava niente, non vidi niente. Un marciapiede, un albergo, tre frasi in lingua sconosciuta erano la sufficienza. Sì, sì, il cambio di clima, le strade, le chiese, i palazzi. Era quasi tutto diverso, una solennità, non me ne fregava niente. (*Ibid.* : 79[7])

Par conséquent, bien loin d'être une matrice inspirante, l'espace queer, trépidant et dangereux, tel qu'il est représenté dans les mémoires de Fernanda Farias de Albuquerque, requiert une analyse interdisciplinaire approfondie et mérite une approche spécifique, dans la lignée des considérations d'Halberstam sur l'espace et le temps queer.

Plus encore, pour conclure, la ligne critique provisoire que j'ai essayé jusqu'ici de développer peut trouver dans le motif mobile et vulnérable du migrant et dans l'appréciation ambivalente du paysage de Princesa l'emblème qui permet de lire les temps présents et l'urgence de réagir de manière critique en dépliant les multiples formes d'oppression qui saturent et qui conditionnent l'expérience quotidienne des espaces queer.

Bibliographie

Ahlstedt Eva, *André Gide et le débat sur l'homosexualité : de* L'immoraliste *(1902) à* Si le grain ne meurt *(1926)*, Göteborg, Acta Universitatis Gothoburgensis, 1994.

Aldrich Robert, *The Seduction of the Mediterranean : Writing, Art and Homosexual Fantasy*, London, Routledge, 1993.

Anzaldúa Gloria E., *Borderlands/La Frontera : The New Mestiza*, San Francisco, Aunt Lute Books, 1987.

Anzaldúa Gloria E., « Within the Crossroads. Lesbian/Feminist/Spiritual Development. An Interview with Christine Weiland (1983) », in *Interviews/ Entrevistas*, Keating Ana Louise (dir.), New York, Routledge, 2000, p. 71-127.

Bersani Leo, *Homos*, Cambridge, Harvard University Press, 2005.

Brown Michael et Knopp Larry, « Da "Spazio e Sessualità" a "Geografia Queer" », Antosa Silvia (dir.), *Omosapiens 2. Spazi e identità queer*, Roma, Carocci, 2007, p. 163-166.

Buonanno Fiorangelo, « La percezione della città nella letteratura italiana della migrazione », in *Études romanes de Brno*, n° 37, 2016, p. 17-30.

[7] « Je ne savais rien de Madrid, rien ne m'intéressait, je n'ai rien vu. Un trottoir, un hôtel, trois phrases dans une langue inconnue étaient la suffisance. Oui, oui, le changement de climat, les rues, les églises, les bâtiments. Presque tout était différent, une solennité, je m'en fichais. »

Ceballos Muñoz Alfonso, *Teoría rarita*, Córdoba David, Sáez Javier et Vidarte Paco (dir.), *Teoría queer. Políticas bolleras, maricas, trans, mestizos*, Barcelona-Madrid, Editorial Egales, 2005, p. 165-177.

Farias de Albuquerque Fernanda (avec Jannelli Maurizio), *Princesa*, Roma, Sensibili alle foglie, 1994.

Fracassa Ugo, *Patria e lettere. Per una critica della letteratura postcoloniale e migrante in Italia*, Roma, Giulio Perrone Editore, 2012.

Gide André, *L'Immoraliste*, in *Romans et récits. Œuvres lyriques et dramatiques*, Masson Pierre (dir.), avec la collaboration de Claude Jean, Goulet Alain, Walker David H. et Wittmann Jean-Michel, « Bibliothèque de la Pléiade », Paris, Gallimard, 2009, vol. I, p. 589-691.

Halberstam Judith, *In a Queer Time and Space : Trasngender Bodies, Subcultural Lives*, New York, New York University Press, 2005.

Iacoli Giulio, « Le carte di Sisifo. Narrazioni e modelli descrittivi queer : l'individuazione difficile », in *Letteratura e cartografia*, Fiorentino Francesco et Paolucci Gianluca (dir.), « Eterotopie », Milano-Udine, Mimesis, 2017, p. 79-99.

Ingram Gordon Brent, Boutilhette Anne-Marie et Retter Yolanda, « Lost in Space : Queer Theory and Community Activism at the Fin-de-Millénaire », in *Queers in Space : Communities, Public Places, Sites of Resistance*, Ingram Gordon Brent, Boutilhette Anne-Marie et Retter Yolanda (dir.), Seattle, Bay Press, 1997, p. 3-15.

Jakob Michael, *Paesaggio e letteratura*, Firenze, Olschki, 2005.

Kuruvilla Gabriella, *È la vita, dolcezza*, Milano, Morellini, 2014.

Lorde Audre, *Zami : A New Spelling of My Name. A Biomythography*, Freedom (CA), Crossing Press, 1982.

Mengozzi Chiara, *Narrazioni contese. Vent'anni di scritture italiane della migrazione*, Roma, Carocci, 2013.

Mitchell W.J.T. (dir.), *Landscape and Power*, Chicago, University of Chicago Press, 1994.

Rich B. Ruby, *New Queer Cinema : The Director's Cut*, Durham (NC), Duke University Press, 2013.

Roger Alain, *Court traité du paysage*, Paris, Gallimard, 1997.

Westphal Bertrand, *La Géocritique. Réel, fiction, espace*, Paris, Les éditions de Minuit, 2007.

— (dir.), *La Géocritique mode d'emploi*, Limoges, PULIM, 2000.

Espace et inquiétude dans la littérature contemporaine

Adeline Liébert
CERC, Paris 3 Sorbonne Nouvelle

L'emprise sur l'espace, la mise en mouvement, les déplacements, sont des signes si déterminants de notre humanité que plusieurs mythes évoquant la rivalité entre les hommes et les dieux racontent comment les premiers entreprirent de grimper jusqu'au Ciel. Ainsi de la tour de Babel, ainsi aussi des êtres humains de forme sphérique imaginés par Aristophane dans le *Banquet* de Platon, qui furent punis et coupés en deux pour avoir « entrepri[s] l'escalade du ciel dans l'intention de s'en prendre aux dieux » (Platon 2018 : 115). Quant au temps qui leur échappait, les hommes en ont fait un sujet privilégié de leurs méditations. D'un côté, il y avait l'espace à modeler, comprendre, arpenter, maîtriser ; de l'autre le temps qui impose sa marche et qui renvoie à plus haut que nous, qu'il appartienne à Dieu ou à tout ce qui de la nature nous échappe.

Or les bouleversements techniques des derniers siècles ont profondément modifié notre rapport avec ces deux coordonnées de notre présence au monde. Nous contrôlons de plus en plus le temps, connaissons l'immédiateté et flirtons presque avec l'ubiquité. Cette domination récente a eu pour contrepartie de faire émerger dans une mesure plus large qu'autrefois un intérêt sur la nature de l'espace et notre rapport avec lui : non seulement notre expérience nouvelle du temps modifie notre perception de l'espace, mais nous déportons sur la totalité de l'existence le rapport complexe que nous avons toujours eu avec la dimension temporelle du vécu. Depuis un demi-siècle environ s'est ainsi développée une certaine littérature marquée par un questionnement des évidences quant à nos expériences de l'espace et notre présence dans le monde.

Pour dire un malaise contemporain qu'il ne cesse de ressasser, Camille de Toledo a trouvé une formule belle et juste : « l'inquiétude d'être au monde ». Le romancier et essayiste explique cette inquiétude par le lourd héritage historique dont l'Europe est porteuse, par la conscience nouvelle qui en a émergé, avec l'idée qu'il n'existe aucune parole de consolation par rapport à cette inquiétude. En effet, depuis que le doute accompagnant notre rapport au monde et à la connaissance s'est élargi à l'histoire et à la marche de la civilisation, c'est jusqu'à la parole qui est profondément ébranlée. C'est pourquoi le lieu que de Toledo nous assigne pour vivre est pour lui un non-lieu situé nulle part sur terre ni même dans aucune langue. Son modèle est celui du traducteur, qui « sait que l'entre-des-langues est le seul endroit sauvage qu'il nous reste » : « Là, pas de maître-mot, mais un trou, un vertige et une hésitation [...], dans l'entre, là où nous sommes également muets, traversés par le même effroi. Là, justement, où nous devons apprendre à vivre, dans l'inquiétude de toute chose » (Toledo 2012 : 42-43).

Face au vertige sans refuge de l'inquiétude, on peut se demander s'il n'y aurait pas lieu de lire la première parole si connue et répétée de l'Évangile de Jean comme un rappel à l'ordre : « Au commencement était le Verbe, et le verbe était Dieu, et le verbe était en Dieu ». Les hommes sont ce qu'ils ont su faire et être grâce au Verbe qui précède l'humanité. C'est par le Verbe que nous transgressons et nous nous dépassons, mais c'est par lui que nous nous oublions. C'est par lui enfin qu'il n'y aura jamais pour nous aucune évidence, ni spatiale, ni temporelle, en dehors de la foi en ce que les mots peuvent dire et nous dire. Par les mots, nous pouvons espérer comprendre le monde et le dominer, à partir d'eux nous avançons et nous agissons, à travers eux nous nous inscrivons dans le monde, sachant le vivre et, pour l'écrivain, le donner à lire.

Mais il arrive que nous ne sachions plus à quoi nous raccrocher, que le monde nous échappe et les mots semblent vains. Nous ne sommes plus présents aux choses et aux êtres, nous flottons quelque part en un indisposant vertige. Or il est toute une littérature, qui, bien que profondément diverse, a cette inquiétude en partage. C'est à la caractériser, à en trouver quelques marques, que nous aimerions d'abord nous employer. Nous donnerons ensuite quelques exemples pris presque par aventure dans un flot de lectures à la sensibilité convergente, et qui définissent une littérature sans récit d'un chemin, sans quête du nouveau, sans souci de l'exotisme, et pourtant ancrée dans le mouvement, scandée par des localisations multiples. Enfin, nous aimerions illustrer notre propos à partir d'un un petit roman paru en 2005 aux éditions L'Amourier : *Ambulances*, de Ronald Bonan. Nous intéresse en effet dans ce roman l'analyse fine d'une inquiétude fondamentale, inscrite en dehors de toute contingence historique, mais symptomatique d'un doute existentiel qui est peut-être le propre de notre époque. Or ce roman a aussi le mérite de marquer l'inquiétude tout en désignant le chemin d'un apaisement.

Camille de Toledo (2008) répète inlassablement dans ses ouvrages une fable, dont Magris est en quelque sorte l'auteur. Un promeneur a voulu remonter le Danube jusqu'à sa source. Or le tracé des minces filets d'eau qui deviendront le grand fleuve aux innombrables perles de civilisation mène ce trop confiant promeneur… à une gouttière. Manque le point ferme à partir duquel il sera facile de croire en ce que l'on est. Une autre façon d'être près des choses suppose au contraire le doute, la conscience que le mouvement est la matière même de notre rapport au monde. Un mouvement qui n'implique pas nécessairement un déplacement, mais qui relève d'une « profonde inquiétude » (Toledo 2008 : 90). Il n'y a de résolution à cette inquiétude que dans un maintien de l'ébranlement, du tremblement, car pour l'inquiet toute réalité fixée est une réalité pétrifiée.

Ainsi pouvons-nous définir une autre littérature que la « littérature ambulante » dont parle Théophile Gautier à propos de Nerval et Rousseau, sachant bien sûr que celle-là n'exclut pas celle-ci. Le critère de cette littérature ne serait pas la marche, les déplacements, mais une certaine manière de douter des assises du monde : ne pas être de plein pied, habiter un déséquilibre, s'installer dans une faille. Il est vrai que la sensibilité à l'inquiétude naît souvent d'un rapport au monde marqué par des déplacements, des déménagements, l'établissement de contigüités temporelles entre des espaces discontinus, l'apparition de brisures au sein d'un lieu perçu comme un foyer. Mais il faut encore que le mouvement soit sans retour, que l'on sorte de la catégorie de la littérature de voyage. On n'est jamais vraiment parti lorsque l'on revient. Et inversement, nul besoin de partir pour vivre le monde en inquiet.

Il est cohérent de penser que, pour un écrivain, le parangon du voyage sans retour soit le fait de changer de langue d'écriture. Un auteur comme Beckett pourrait être emblématique. Plus proche de nous, Hector Bianciotti, François Cheng, Akira Mizubaiachi, Nancy Huston, *etc.*, s'inscrivent dans une même lignée d'écrivains en français venus d'ailleurs. Par exemple, le romancier d'origine argentine Bianciotti a écrit de très belles pages sur la manière dont le français l'a appelé à lui alors qu'il avait commencé une œuvre en espagnol. Un écrivain qui écrit dans une langue apprise tardivement choisit d'inscrire sa création dans le doute le plus rudimentaire, et peut-être le plus profond qui soit, la peur de la faute de grammaire, la peur d'un dire qui ne se dit pas. Taillandier remarque que l'on « n'est pas écrivain parce qu'on domine l'expression et la langue ; on est écrivain parce qu'*on a un problème avec elles* » (Taillandier 2004 : 11-12). Tant que l'on peut faire semblant que la langue coule de source, le problème ne se voit pas, il ne sort pas du secret du cabinet de travail. Mais dans le cas d'un Bianciotti, cette inquiétude devient la sève même de son œuvre. D'origine chinoise, l'écrivain François Cheng a réalisé un écart plus grand encore. Dans son petit ouvrage *Le Dialogue*, l'auteur du *Dit de Tianyi* décrit la « périlleuse métamorphose » qui lui a permis de se « ré-enraciner, non seulement dans [s]a terre d'accueil, ce qui est déjà beaucoup pour un exilé, mais proprement dans l'être, puisque, par cette nouvelle langue », il a accompli l'acte « de nommer à neuf les choses, y compris [s]on propre vécu » (Cheng 2002 : 79). Le mouvement s'est amorcé alors qu'il a « débarqu[é] à Paris à dix-neuf ans passés ». Mais, quels que soient les voyages qu'il a pu entreprendre ensuite, toute sa vie et son écriture ont été un « mouvement sans déplacement », pour reprendre une formule de Deleuze. *Le Dialogue* est sous-titré « une passion pour la langue française », et Cheng montre combien il faut donner au mot « passion » tout son poids de plaisir et de souffrance. Il en résulte un rapport à l'espace très particulier, tels ces courts-circuits de l'espace et du temps : « la phonie d'un mot en français a le don de déclencher en moi un souvenir charnel, avec un raccourci saisissant que je ne saurais réussir en chinois » (Cheng 2002 : 55). Pour chacune de ses œuvres, poétiques ou romanesques, on pourrait analyser l'inquiétude particulière qui résulte de ces saisies inattendues. Mais nous ne nous arrêterons ici que sur le titre de son recueil *Cantos toscans*, composé de poèmes où les paysages de la Toscane sont comme traversés par la Chine (Cheng 1999). Le titre joue sur le palindrome can-tos/tos-cans, mais la fermeté rythmique des quatre syllabes ménage une ouverture avec le « canto » italien hispanisé par le « s ». Il ne s'agit pas de « bel canto », mais d'un chant plus sourd, habité par de multiples espaces et la quête d'un apaisement. Les poèmes instaurent un tremblement du sens qui donne par exemple à voir des cyprès sortis d'une peinture chinoise, des paysages sinueux traversés de mystique chrétienne et de sagesse orientale.

Cette littérature marquée comme à la source par l'ailleurs a d'étonnantes résonances avec d'autres œuvres dont l'esthétique semble pourtant fort différente. D'abord, l'inquiétude liée à la rencontre des espaces peut aussi provenir d'un seul lieu. On pourrait ainsi analyser le rôle de Trieste dans l'imaginaire de Magris. Cette ville traversée de frontières et baignée par de multiples héritages culturels a fait de lui un « écrivain de frontières », ainsi qu'on le décrit souvent. Trieste est une ville où « tout existe simultanément », un « simultanément » qui « n'est pas une synthèse, mais bel et bien son contraire ; plutôt qu'interaction, il est amoncellement, *nebeneinander*, simple addition et alignement hétérogène de contraires irréductibles et de détails partant dans tous les sens » (Magris 1991 : 254). De ces contraires impossibles à synthétiser, Magris en a tiré une énergie et des questionnements qui innervent toute son écriture, écriture inquiète s'il en est, écriture en quête d'un apaisement pourtant.

Dans le roman *Boussole* de Mathias Énard, l'espace clos d'un appartement viennois accueille tout un kaléidoscope d'horizons orientaux. Un musicologue à la dérive, inquiet pour sa santé et malade de son passé, rumine ses séjours à Damas, Alep, Istanbul, Palmyre, Téhéran ; il ressasse l'étroitesse de sa carrière universitaire, les élans de la musique, et surtout, ses relations avec Sarah, brillante spécialiste des images et des représentations de l'Orient tel qu'il fascine les occidentaux depuis si longtemps. Le roman tout entier tient en une nuit d'insomnie qui ressemble ici à une musique andalouse jouée par un orchestre viennois, là à une chanson de Barbara écoutée au cœur du désert... Certes, malgré le confinement de la chambre, les bruits du chien du voisin, la solitude d'une nuit sans sommeil ou d'un écran d'ordinateur, il y a encore toute la chaleur et les couleurs de l'orient dans cet appartement viennois. Nous ne sommes pas loin pourtant du *Danube* de Magris, c'est-à-dire des livres de la bibliothèque comme première attache avec le monde. Les personnages d'Énard ont encore plus lu qu'ils n'ont voyagé, et s'ils rencontrent bien le monde et des hommes, la matière même de leur parcours est tissée des myriades de mots qui nous ont précédés. Même la musique, dont le narrateur a fait son métier sans être musicien, est d'abord pour lui une entreprise de langage, une bruissante affaire de mots. C'est pourquoi Énard nous rappelle souvent combien « il y a tout l'univers dans une bibliothèque, aucun besoin d'en sortir » (Énard 2015 : 206). Mais peut-être que la bibliothèque elle-même est superflue à qui vit dans l'inquiétude du lieu, à qui sait qu'il pourrait être là et ailleurs, à qui se contente de rêver comme une fumée s'évapore. Énard cite Alvaro de Campos, l'un des multiples hétéronymes de Pessoa : « J'allume une cigarette pour remettre à plus tard le voyage/Pour remettre à plus tard tous les voyages/Pour remettre à plus tard l'univers entier » (*ibid.* : 206). Cette cigarette est allumée derrière les fenêtres d'une autre chambre encore, où vit celui qui dit qu'il ne sera rien mais qu'il porte en lui « tous les rêves du monde » (Pessoa 1928). La littérature inquiète est toujours dans une antichambre, un lieu qui en appelle un autre, des autres, parce que la présence au monde est vécue comme un vertige.

C'est pourquoi nous achèverons cette étude par l'analyse d'un bref roman resserré dans l'espace étroit d'une région de France. *Ambulances* nous donne à lire un déséquilibre et une inquiétude que nous suivrons pas à pas, afin d'en espérer saisir la possible guérison. Dans un préambule, le narrateur rapporte un souvenir traumatisant, un mot soudain a « provoqué [s]a stupeur » (Bonan 2005 : 10). Adolescent, il arrivait d'Italie pour s'installer définitivement à Nice avec sa famille, comprenant, ou décidant, qu'il devrait dire adieu à sa langue maternelle. La sirène angoissante d'une ambulance alors qu'il découvre la ville derrière la vitre arrière d'une voiture le fait s'exclamer sur le mot « ambulance », lequel lui semble soudain ne plus rien vouloir dire. Un sentiment d'absurdité le saisit, il s'est mis à douter des mots. Le narrateur nous explique qu'il n'est possible de vivre que persuadés que « les mots précèdent les choses, les enrobent, les identifient » (*ibid.* : 18). Qui perd cette foi dans le langage vit sans repères au sens fort du terme, lequel rejoint le repaire. On ne peut se retrouver ni se blottir[1] dans un monde où il faut inventer les noms qui nommeront les choses. On est condamné à flotter. C'est l'expérience vécue par le « je » qui raconte son expérience comme une maladie qui n'a pu être guérie que par la bienveillance de « forces cosmiques » (*ibid.* : 18).

La suite du roman raconte les divers et improbables métiers exercés par Andréa, ainsi que le narrateur se désigne lui-même dans la dernière page de l'œuvre. Toujours, il s'agit de lieux et de mots, avec, parmi les quelques fils directeurs des expériences vécues par le personnage, une lecture désordonnée de l'œuvre de Wittgenstein et plusieurs rêves récurrents. Toute l'intrigue du roman (mais est-ce d'une intrigue qu'il s'agit ?) se déroule en Provence. Le narrateur va de Nice à Marseille, avec des incursions auprès de la Montagne Sainte-Victoire, avant qu'on ne le retrouve saisonnier dans un champ de Maïs non loin du Mont Ventoux. Les personnages qu'il rencontre ont tous un métier de langage et de signe : c'est une traductrice qui lui a mis *Le cahier bleu* de Wittgenstein entre les mains, il se retrouve plus ou moins secrétaire chez un lexicographe, classe la bibliothèque d'un graphologue, et la relation amoureuse qu'il noue avec une pianiste n'est pas étrangère à son « besoin de comprendre les mécanismes de la signification » (*ibid.* : 83). Les expériences hasardeuses décrites dans ce curieux roman entraînent le narrateur vers une forme de guérison, avec Wittgenstein en guise de viatique, parce que le philosophe a la même « maladie » que le narrateur. Ne sachant plus « river les choses aux mots, les mots aux choses » (*ibid.* : 73), il s'agit de retrouver l'adéquation sans laquelle il est impossible de se tenir fermement dans le monde. Les mouvements du narrateur, ancrés dans des lieux dont la réalité nous est parfois tangible, telle la blancheur de la Sainte-Victoire, ressemble à un arpentage qui viserait non pas la mesure du monde, mais son inscription dans un espace signifiant. Il ne s'agit pas de faire coïncider une carte avec un territoire, mais de parvenir à se repérer dans un environnement non pas indéchiffrable mais insignifiant.

---

1 Nous faisons nôtre la belle formule de Bachelard (1957 : 19) : « N'habite avec intensité que celui qui a su se blottir ».

Celui dont on ne connait pas encore le nom traverse d'abord une grave crise un soir après lequel il a, comme à son habitude, essaimé des petites fiches sur lesquelles il inscrit le nom de tous les éléments du mobilier urbain qu'il croise. Rentré chez lui, il se regarde dans le miroir mais ne parvient même pas à étiqueter sa propre image : « j'étais incapable de proférer mon propre prénom, de mettre une fiche dans le cadre du miroir, sous mon image » (*ibid.* : 74). La crise linguistique est aussi une crise identitaire. Celui qui doit se forcer à nommer le monde pour ne pas flotter farouchement au-dessus de lui ne se perçoit plus lui-même. Égrener les mots du monde est un remède nécessaire mais insuffisant. Après les marches dans les rues de Nice, le narrateur court aux côtés de Guillaume, le graphologue marseillais. Lors de leurs premières courses, Guillaume a joué les guides touristiques sans toutefois rien commenter : « le Pharo… Les Catalans… Le Vallon des Auffes… Malmousque… La Fausse Monnaie… Le Marégraphe… Les prophètes ». Si les mots demeurent vides, le corps en mouvement du narrateur recommence enfin à épouser le monde : « au fur et à mesure, ces noms prenaient un sens pour mes poumons, les muscles de mes jambes et le poids de ma tête sur mes épaules » (*ibid.* : 71).

Beaucoup plus tard le narrateur pourra donner un nom à sa maladie : « apatride du nom » (*ibid.* : 109). Mais plus encore qu'un clandestin, le malade est un absent. Il s'est comme engouffré dans une faille dont il n'arrive plus à sortir. Chaque chapitre se termine par une séparation qui marque une vraie rupture, ce sont des failles qui menacent la permanence du monde et de soi, telle la fissure qui sert de décor à un des rêves récurrents du narrateur. La traductrice quitte Nice, la pianiste part à Lyon, le graphologue a déménagé. Mais se dessine une autre continuité qui prend la forme de quelques traits sur une feuille et de trois montages emblématiques. Les chapitres II, III et IV sont respectivement intitulés « Le Fuji-Yama », « Sainte-Victoire » et « Le Mont Ventoux ». Lorsque Guillaume, le graphologue, montre au narrateur un immense calligramme qui renvoie au Fuji-Yama, le « malade » y voit « la montagne en train de se transformer en signe » (*ibid.* : 72). Mais comment trouver le secret de l'« alchimie sémiologique » qui est ainsi à l'œuvre ? Le fragment 341 de *De la certitude* de Wittgenstein fournit un indice : « *Les* questions *que nous posons et nos* doutes *reposent sur ceci : certaines propositions sont soustraites au doute, comme des gonds sur lesquels tournent ces questions et doutes* » (*ibid.* : 75). Il s'agit donc de « trouver ces fameux gonds », qui évoquent pour le narrateur « aussi bien d'énormes objets cosmiques qui maintiennent la terre sur son axe de rotation, que de minuscules parchemins cachés sur lesquels sont consignés d'essentielles équivalences entre les mots et les choses, les noms et les êtres » (*ibid.* : 76). En guise de gond, le narrateur ressent à l'approche de la montagne Sainte-Victoire une attraction qui imprime une « courbure à l'espace » avant même que les plis du paysage ne découvrent la montagne (*ibid.* : 81). Celle-ci se révèle aux yeux du narrateur à la fois comme le Fuji-Yama et comme la « massive et lointaine présence d'un de ces objets immenses et démesurés dont fuse le sens du monde comme la lave du cratère » (*ibid.* : 89). C'est dire que le narrateur n'est pas guéri, mais qu'il progresse dans son effort pour s'arrimer au monde. Il se met à chercher un signe qui renverrait évidemment à la montagne Sainte-Victoire. Les tableaux de Cézanne ne le satisfont pas, Sainte-Victoire est présente (« et c'[est] déjà bien assez »), mais elle demeure mutique. En revanche une lithographie de Marchutz lui apparaît comme le « monogramme » recherché : il a trouvé à la fois une réalité tangible et un signifiant dont il ne doute pas qu'il la désigne, ou plus précisément ce monogramme *saisit* la montagne, sa « syntaxe et son phrasé » (*ibid.* : 92). C'est ainsi l'arbitraire de la langue qui est levé. Le langage ne se superpose pas au monde au moyen d'un vain étiquetage. Les objets qui nous entourent s'inscrivent dans les rythmes et les flux du mouvement et de la matière, comme les lignes et les traits d'un calligramme ancrent le papier. Est ainsi restaurée la confiance en la présence. Être présent, c'est cesser de flotter pour s'arrimer en un lieu et un temps, c'est-à-dire coexister sans rupture dans la matière à la fois physique et linguistique de notre rapport au monde. Mais il faut encore que le narrateur élargisse cette confiance nouvellement acquise à tout ce qui compose son existence.

L'ascension du Mont Ventoux apportera l'apaisement espéré. Surpris par la nuit, il contemple le ciel étoilé, où rien ne change : « Tout change ici-bas mais pas elles là-haut » (*ibid.* : 109). L'immense W inscrit au centre du ciel, les constellations qui l'entourent se révèlent à lui : « Les voilà, les gonds de l'univers ! ». Il comprend : « la plus grande collection de pictogrammes de l'univers [...] prenait conscience d'elle-même en moi » (*ibid.* : 109). Mais il faut encore que lui-même prenne conscience de lui. Une nouvelle liste est égrenée : « Céphée, Cassiopée, Andromède, Pégase, Persée... » (*ibid.* : 110). Ces noms d'étoiles renvoient le narrateur non seulement à l'humanité et ses récits, mais à sa propre histoire, comme en témoigne son explication du mythe de Persée faite à Louis, le paysan qui l'a embauché. Cette discussion l'apaise. Enfin il arrive à décrire sa maladie : alors que « tout est parole, langage, symbole, discours », il a perdu foi en ce « tissu de mots » (*ibid.* : 114). Or mettre des mots sur son combat avec eux est une planche de salut : « Quelque chose avait trouvé le moyen de naître en se laissant dire » (*ibid.* : 115). Les mots dès lors redeviennent « sympathiques » (*ibid.* : 116), c'est-à-dire qu'ils ne sont ni des écrans, ni des outils, mais la matière d'une présence. Le mot « terre » qui accompagne son travail dans le champ de blé, les noms des saisonniers avec lesquels il se trouve, s'ouvrent enfin sur toute la réalité disparate qu'ils recouvrent. Le sens des choses n'est plus un vain mot mais une circulation aussi tonique que « le sang dans une artère de cheval lancé au galop » (*ibid.* : 117). Au terme de son récit, le narrateur peut confier son propre nom au lecteur : « À propos, je m'appelle Andréa. / Je crois que ça vient du grec, et que ça veut dire « homme courageux », ou tout simplement homme » (*ibid.* : 119). L'apaisement ne durera peut-être pas, mais la voie en est ouverte.

« La littérature, comme toute forme d'art, est l'aveu que la vie ne suffit pas » écrit Pessoa à l'ouverture de ses *Fragments d'un voyage immobile* (Pessoa 2005 : 53). L'association avec le titre pourrait laisser penser que la vie ne suffit pas par son étroitesse, bornée qu'elle est dans l'espace et dans le temps. Ce serait le *topos* de la littérature qui nous fait voyager, parcourir le monde et explorer le passé ou l'avenir. Mais une lecture plus attentive nous fait nous arrêter sur les termes « fragments », « aveu ». Il y a là quelque chose à reconnaître et accepter, par delà une inaccessible, ou inexistante, totalité. Plutôt que de voir la littérature comme un art de combler une déficience, on pourrait la lire comme un art d'entériner la nécessaire défaillance de notre existence dans le monde. Or une certaine littérature s'installe dans cette insuffisance, rend compte de la faille dont elle procède. Dans cette littérature le rapport à l'espace est thématisé à partir d'un vertige, d'un doute. Les déplacements qui ménagent des ruptures ne sont qu'un cas particulier de cet être au monde inquiet. Une telle inquiétude trouve son équilibre dans la mise en tension des séparations qui nous heurtent. La littérature ménage d'inattendues convergences. Et si elle est une forme d'art bien distincte des autres, c'est que sa matière touche au fondement même de nos vies qui ne suffisent pas. Les mots signent à la fois le manque et ce qui le comble. C'est ce que les œuvres qui nous ont intéressée ici nous apprennent : la littérature n'a pas vocation à représenter le monde ou le cartographier, elle ajoute à sa matière pour nous rendre présent à ce qui sans elle nous échapperait sans possible rémission.

Bibliographie

Bonan Ronald, *Ambulances*, Coaraze, L'Amourier, 2005.

Bachelard Gaston, *La Poétique de l'espace*, Paris, Quadrige PUF, 1957.

Cheng François, *Le Dialogue, une passion pour la langue française*, Paris, Desclée de Brouwer, 2002.

— *Cantos toscans*, Nice, Éditions Unes, 1999.

De Toledo Camille, *L'Inquiétude d'être au monde*, Lagrasse, Verdier, 2012.

— *Visiter le Flurkistan ou les illusions de la littérature monde*, Paris, Presses Universitaires de France, 2008.

Énard Mathias, *Boussole*, Arles, Actes sud, 2015.

Magris Claudio, *Danube*, traduction de Jean et Marie-Noëlle Pastureau, Paris, Gallimard, 1988.

Magris Claudio et Ara Angelo, *Trieste, une identité de frontière*, traduit par J. et M.N. Pastureau, Paris, Seuil, 1991.

Pessoa Fernando, *Fragments d'un voyage immobile*, Paris, Rivages poche/Petite bibliothèque, 2005.

Platon, *Le Banquet*, traduction de Luc Brisson, Paris, GF, 2018.

Taillandier François, *Une Autre langue*, Paris, Flammarion, 2004.

Traverser les murs matériels et immatériels

Seuils des asiles de Basaglia au cinéma

Marina Guglielmi
Università degli Studi di Cagliari

Traduction de Véronique Guében

Traverser les seuils, l'exemple de Milos Forman

L'homme se trouve debout près d'une fenêtre grande ouverte. La grille, qui est fermée d'habitude, est ouverte. Il a volé les clés au veilleur de nuit et il a relevé les barrières extérieures. Depuis plusieurs semaines cet homme prépare son évasion de l'asile et à ce moment précis le plan qu'il a orchestré est en train de fonctionner : deux amies sont venues le chercher avec une voiture et elles l'attendent dehors, le veilleur de nuit dort, les autres pensionnaires sont venus lui dire au revoir et le regardent avec un sentiment qui oscille entre l'admiration et la stupeur. Ils n'ont jamais vu quelqu'un s'enfuir de la section psychiatrique. L'œil de la caméra filme les personnages de dos et la fenêtre ouverte dans le fond. Il suffirait de passer par la grille ouverte pour sortir. Et pourtant le protagoniste ne le fait pas.

Au moment même où il est en train de franchir le seuil, il remarque la mine déconfite de son ami Billy, celui qui bégaye et qui est condamné à rester dans cet asile de fous. Ça n'a l'air de rien, mais cette expression le fait revenir en arrière pour lui demander ce qui lui arrive.

À partir de ce moment-là, la situation dégénère. Plus personne ne s'enfuit. Tandis qu'ils attendent que Billy trouve une solution à son problème, sous l'effet de l'alcool, ils s'endorment tous. Dans la scène qui suit, la lumière du petit matin illumine pendant quelques secondes le plan fixe sur la fenêtre ouverte ; ensuite on voit arriver dans le champ les infirmiers qui la referment et qui punissent les responsables. Franchir ce seuil ne sera plus possible. Le protagoniste, comme cela souvent arrive aux personnages d'histoires qui se déroulent dans les asiles de fous, n'en sortira qu'après sa mort.

Il s'agit de la scène finale du film avec lequel le réalisateur Milos Forman a gagné l'Oscar : *One Flew Over the Cuckoo's Nest* (1975). Les deux acteurs principaux, Jack Nicholson dans le rôle de l'effronté solitaire irlandais McMurphy, et Louise Fletcher, qui interprète le rôle de la terrible cheffe de salle Miss Ratched, recevront aussi l'Oscar de l'interprétation.

Le film de Forman sort au milieu des années 1970, quand en Europe on dénonce les conditions de vie dramatiques des internés dans les asiles de fous (Canosa 1979 ; Babini, Cotti, Minuz et Tagliavini 1982 ; Roscioni 2003 ; Babini 2009). Politiciens et psychiatres collaborent à la recherche de solutions. Le modèle anglo-saxon de l'*open door* et du *no-constraint* propose dans ces années-là d'améliorer la qualité de vie des malades mentaux et, surtout, il considère les aliénés comme des personnes qui doivent être soignées et non plus réprimées.

En Italie, le psychiatre vénitien Franco Basaglia se bat déjà pour la défense des malades depuis le début des années 1960. Il a dirigé l'asile de Gorizia, puis pendant un an celui de Parme et enfin celui de Trieste, qui deviendra un modèle, dans le monde, de la révolution psychiatrique italienne.

Le film de Forman rapporte ce dont on discute dans le monde psychiatrique et politique : la violence dont sont victimes les malades mentaux dans les hôpitaux psychiatriques, et la nécessité d'abolir aussi bien les contraintes (sangles dans les lits, camisoles de force) que les soins invasifs qui se sont révélés inefficaces (l'électrochoc surtout), ainsi que les solutions chirurgicales définitives (lobotomies), dont on a pu démontrer l'effet dévastateur sur les personnes, condamnées à un état végétatif. Dans le film de Forman – et dans le roman du même nom écrit par Ken Kesey en 1962 dont le film a été tiré – la représentation des conditions de vie de l'asile de fous est un thème central mais ce n'est pas le seul : le fait d'entrer et de sortir de l'hôpital psychiatrique est une autre question décisive qui traverse toute l'architecture narrative. S'enfuir signifie franchir le seuil, porte ou fenêtre, fermé par une grille. C'est un passage chargé de sens. Les murs sont matériels mais aussi immatériels. Pourquoi le personnage principal ne réussit-il pas à franchir cette ouverture et à s'enfuir de cet asile de fous ? Il ne s'agit pas tant de traverser un mur matériel que de traverser un mur mental, immatériel.

Topographies intérieures

Il s'agit donc de considérer des topographies intérieures, des seuils, qui existent dans la réalité mais que l'individu doit pouvoir traverser autant avec le corps qu'avec l'esprit. La psychologie, la psychiatrie, la philosophie, l'architecture et l'urbanisme se sont occupés et continuent à s'occuper de ce phénomène. La littérature et les arts visuels le représentent. En particulier les hôpitaux psychiatriques constituent un exemple significatif du système ouverture/fermeture des espaces et inclusion/exclusion des personnes qui y résident. En ce qui concerne l'approche théorique de la question des murs immatériels, le point de départ est la notion d'hétérotopie de Michel Foucault (Foucault 2009). L'hôpital psychiatrique est un espace situé aux abords du centre urbain qui, à son tour, contient des individus placés sur le seuil de l'humanité.

Les seuils des asiles, comme ceux de toutes les hétérotopies, ne sont pas faciles à franchir et ne sont pas accessibles à tous. Les individus qui peuvent franchir de telles portes appartiennent de façon exclusive au monde fermé des internés qu'ils y soient enfermés ou qu'ils y travaillent comme agent de surveillance, de protection ou de soin. Les deux mondes, intérieurs et extérieurs, se reflètent l'un dans l'autre sans possibilité de vision réciproque : même si on en connait l'existence, l'œil externe ne peut regarder librement la chambre du fou ou du prisonnier. Toutefois l'hétérotopie de l'hôpital psychiatrique se différencie des autres par son caractère *inaccessible*. La maison d'arrêt et, de façon encore plus sélective, l'hôpital psychiatrique, sont des lieux inaccessibles au plus grand nombre car ils sont des hétérotopies de *déviation* accueillant des individus dont le comportement est déviant par rapport à la moyenne ou à la règle imposée. Si le sujet extérieur – ni condamné ni hospitalisé – réussi à les regarder momentanément, il ne peut toutefois d'aucune façon en faire une expérience de séjour directe. Comme on peut le voir à partir du XXe siècle avec l'espace hétérotopique du cabinet psychanalytique, la narration qui se réalise en son sein reste étrangère à celui qui se tient de l'autre côté de la porte. Un des instruments pour y accéder est le compte-rendu analytique ou psychiatrique, c'est à dire une forme de narration qui traduit en image ou avec des mots ce qui – perçu par le patient et par le thérapeute, psychanalyste ou psychiatre – serait destiné à rester étranger au lecteur et au spectateur. L'imagination compense le manque d'expérience de ce lieu séparé du monde.

Dans l'Italie des années 1960 et 1970 le principal interprète de la pensée de Foucault est Franco Basaglia, acteur non seulement de la révolution psychiatrique italienne, mais habile narrateur des lieux de la folie (Foot 2017). Son activité se déroule à partir de 1952 jusqu'en 1980, année de sa mort. De nombreuses œuvres biographiques ont reconstitué d'une part son rôle de psychiatre, de directeur d'hôpitaux psychiatriques, de fondateur du mouvement de « Psichiatria democratica » et inspirateur de la Loi 180[1] et d'autre part sa position d'intellectuel engagé dans le discours psychiatrique, philosophique, politique et syndical qui a animé le débat des années 1960 et 1970 en Italie et en Europe (Colucci et Di Vittorio, 2001 ; Pitrelli 2008 ; Rovatti 2013 ; Codato 2014 ; Niro 2016). La complexité de la pensée de Basaglia est mise en évidence dans le recueil complet de ses œuvres et dans la sous-division en plusieurs aspects du travail fait par le psychiatre lui-même en 1974 (Basaglia 2018).

Le personnage « *objectivé* »

L'idéal poursuivi par le psychiatre italien Franco Basaglia dans les années 1960, à travers l'abolition des murs des hôpitaux psychiatriques, et devenu depuis le modèle de la nouvelle psychiatrie, prévoit un modèle de réciprocité entre le dedans et le dehors : afin que la communication soit réelle et afin que la réhabilitation sociale des exclus soit fonctionnelle, il est nécessaire que le mur idéologico-politique de l'exclusion soit dépassé aussi bien métaphoriquement que matériellement. En découle l'attention de Basaglia pour les structures architecturales, auxquelles il porte un intérêt lié aux potentialités médicales et humaines acquises dans la relation entre l'homme et l'espace qu'il occupe.

« La perte du malade est souvent liée à la nature du lieu qui l'héberge », écrit-il dans l'introduction du livre photographique *Morire di classe*, et il en souligne l'importance thérapeutique en rappelant que dans les notes transmises à la fin de leurs tours de garde par les infirmiers on pouvait lire : « avant de sortir on a contrôlé les serrures et les malades » (Basaglia et Ongaro Basaglia 1968 : 6). La façon dont le personnel infirmier et médical superposait dans le discours les clés, les serrures, les barreaux et les malades révèle, souligne Basaglia, un alignement des patients à la fonction accessoire de décor hospitalier et, chose encore plus grave, met en évidence l'absence d'une « quelconque petite différentiation qualitative » (*ibid.*) entre les objets et les personnes. Le procédé d'objectivation du malade interné dans l'institution répressive – par exemple l'hôpital psychiatrique – le conduit à la mort.

Avec Basaglia la réflexion sur la gestion attentive du sujet psychiatrique comme « personne » appelait tout d'abord à l'exigence du respect aussi bien envers l'individu qu'envers les lieux dans lesquels il vit, considérés dans la possibilité d'y circuler librement et d'être gérés de façon autonome. Un

---

[1] Legge 13 maggio 1978, n. 180, http://www.salute.gov.it/imgs/C_17_normativa_888_allegato.pdf; voir Sforza Tarabocchia 2013, et notamment *The Reform of Italian Psychiatry : Law 180/1978*, p. 1-5.

point important de cette nouvelle approche de la relation entre l'homme et le milieu, par rapport à la psychiatrie traditionnelle, est l'attention portée à chaque configuration de l'espace d'internement, c'est-à-dire pas seulement la vérification des cellules, des cages, des réclusions et des contentions de tout genre mais aussi l'appréciation des effets que les espaces modifiés et ouverts produisent sur les internés. À ceci s'ajoute la question du danger potentiel des patients qui ont le droit de sortir.

La fuite de l'asile

Basaglia soulignait l'aspect libérateur et à la fois oppressif des portes ouvertes :

> in questa situazione coatta, dove tutto è controllato e previsto in funzione di ciò che non deve accadere, più che in funzione di una finalità positiva nei confronti del malato, la libertà non può essere vissuta che come l'atto proibito, impossibile ad attuarsi, in una realtà che vive solo per prevenirlo. Lo spiraglio di una porta aperta, una stanza incustodita, una finestra socchiusa, un coltello dimenticato, sono l'invito esplicito ad un'azione distruttiva, per prevenire la quale esiste l'istituzione. (Basaglia 1968 : 489[2])

L'impulsion violente qui ressort de l'expérience d'objectivation à laquelle le malade est soumis est liée à sa réaction face à la possibilité de pouvoir sortir :

> questo è il risultato dell'identificazione con l'istituto cui si costringe il malato, il quale non può non vivere la libertà che come momento auto o eterodistruttivo, così come l'istituzione si è affannata ad insegnargli. (*Ibid.*[3])

Ce qui manque, répète Basaglia dans ses textes, c'est un processus de subjectivation qui permet à l'individu d'accéder « à l'autocontrôle et à la gestion de sa propre personne » (Basaglia 1981 : 488). Une fois ce

---

2 « Dans cette situation forcée, où tout est contrôlé et prévu en fonction de ce qui ne doit pas arriver, et encore plus en fonction d'une finalité positive pour le malade, la liberté ne peut pas être vécue comme un acte interdit, impossible à accomplir, dans une réalité qui existe seulement pour l'empêcher. La brèche d'une porte ouverte, une chambre sans surveillance, une fenêtre entr'ouverte, un couteau oublié, sont une invitation explicite à une action destructrice. L'institution existe pour empêcher cette action. »

3 « Ceci est le résultat d'une identification avec la structure dans laquelle le malade est enfermé. Il ne peut donc vivre la liberté que comme un moment auto et hétéro-destructif comme l'institution le lui a appris. »

processus accompli, l'identification avec l'institution sera dépassée par l'identification avec soi-même, en évitant les effets délétères prévus dans le premier cas.

Son rôle décisif de médiateur culturel a pu, dès lors, transformer le matériel insaisissable des hôpitaux psychiatriques dans la narration. L'expérience narrative a été réalisée en utilisant aussi bien les genres que les moyens de communication les plus variés : le compte-rendu, l'essai et le témoignage ont été véhiculés à travers des publications, des médias de masse tels que la télévision et la presse, des manifestations politiques et artistiques.

Basaglia a transformé les événements et les situations qui apparaissaient à ses yeux et à ceux des personnes admises dans les espaces fermés sous la forme d'une narration collective et ouverte (Guglielmi 2018).

Ouvrir les portes et abattre les murs, comme le voulait la Loi 180 (1978), ne voulait pas dire seulement donner une possibilité de vie à l'extérieur de l'institution à celui qui y était enfermé, mais également offrir une opportunité à celui qui se trouvait à l'extérieur pour observer et écouter, tout en faisant l'effort de comprendre, afin d'entrer en relation avec le monde nouveau auquel il assistait. De cette façon, Basaglia mettait en mouvement une machine narrative centrée sur les espaces des asiles qui ne se serait plus jamais arrêtée.

En particulier, Basaglia reprend souvent dans ses textes la notion de passage, de mur, d'asile comme opportunité à offrir aux aliénés :

> Dal momento in cui oltrepassa il muro dell'internamento, il malato entra in una nuova dimensione di vuoto emozionale [...]. Viene immesso, cioè, in uno spazio che, originariamente nato per renderlo inoffensivo ed insieme curarlo, appare in pratica come un luogo paradossalmente costruito per il completo annientamento della sua individualità, come luogo della sua totale oggettivazione. (Basaglia 2012 : 139-140[4])

L'idée de réclusion n'a pas un caractère statique mais se modifie avec le temps et se matérialise dans des formes architectoniques et spatiales diverses, devenant ainsi une dimension fondamentale des formes de surveillance et de contrôle.

4 « Dès qu'il franchit le mur de l'internement, le malade pénètre dans une nouvelle dimension de vide émotionnel [...]. Il est introduit, en somme, dans un espace conçu à l'origine pour le rendre inoffensif et le soigner, mais qui se révèle, en pratique, et paradoxalement, comme un lieu construit pour anéantir son individualité : le lieu de son objectivation totale. »

La première expression du contrôle institutionnalisé est constituée par la cellule avant même l'invention, au XVIIIe siècle, du Panopticon de Jeremy Bentham, reprise par Foucault dans son texte *Surveiller et punir* comme « diagramme d'un mécanisme de pouvoir ramené à sa forme idéale, [...] un pur système architectonique et optique » (Foucault 1975 : 207). La cellule est considérée donc comme un dispositif visuel de répression et de contrôle du prisonnier ou du différent, mais aussi comme instrument essentiel pour étayer le mur qui sépare ceux qui sont à l'extérieur de ceux qui sont à l'intérieur.

En 1964, au premier congrès international de psychiatrie qui se tient à Londres, Basaglia dénonce pour la première fois le système coercitif et autoritaire des structures hospitalières. Le titre indique clairement la direction de ses recherches : *La distruzione dell'ospedale psichiatrico come luogo di istituzionalizzazione. Mortificazione e libertà dello « spazio chiuso ». Considerazioni sul sistema « open door*[5] » (Basaglia 1965). L'auteur, qui cite le manifeste des surréalistes de 1925, fait référence à l'*Histoire de la folie* de Foucault et inaugure l'image de l'homme institutionnalisé comme « homme pétrifié dans nos hôpitaux, [...] sans futur, [...] détruit par le pouvoir de l'institut » (*ibid.* : 263), dans un langage non-spécifique et qui s'adresse à un public plus large.

Les éléments qui au cours des années 1970 participent à la diffusion du projet de Basaglia, autant chez les spécialistes que pour le commun des mortels sont aussi nombreux qu'hétérogènes : on assiste, en 1973, à la sortie de l'asile, à travers les rues de Trieste, du grand dispositif théâtral Marco Cavallo et du cortège des aliénés, en rangs, et des médecins ; c'est aussi l'année de la formation d'un groupe de recherche de l'OMS, coordonnée par Maria Grazia Giannichedda, qui choisit Trieste comme zone pilote en Italie pour les services de santé mentale ; enfin, une coopérative de travailleurs unis se forme, qui agit hors de l'hôpital avec les personnes hospitalisées et avec les anciens patients. En 1973, les époux Basaglia fondent à Bologne le groupe de « Psichiatria democratica », en s'inspirant pour le choix du nom des groupes existants déjà « Magistratura democratica » et « Medicina Democratica ». Agostino Pirella, Michele Risso, Lucio Schittar, Domenico Casagrande, Tullio Fragiacomo, Vieri Marzi, Gianfranco Minguzzi, Piera Piatti, Vittorio Slavich et Franco di Cecco en font partie (Foot 2017 : 53-74). En 1974, ils organisent à Gorizia la rencontre consacrée à « La pratica della follia », premier moment qui donne lieu à une série d'ouvrages focalisés sur le projet de

5 « La destruction de l'hôpital psychiatrique en tant que lieu d'institutionnalisation. Mortification et liberté de "l'espace clos". Considérations sur le système "open door" ».

dés-institutionnaliser les asiles de fous et de regarder avec un œil critique l'internement psychiatrique pour le transformer.

Toutes les activités créatives organisées dans les asiles dirigés par Basaglia impliquent les citoyens, les étudiants des écoles et les malades. On organise des rencontres avec les habitants des quartiers pour discuter de l'impact sur la ville des nouveaux centres de santé mentale et de la co-habitation avec les malades. Pendant la troisième rencontre à Trieste du Réseau international (1977) la fermeture des asiles de fous est officiellement déclarée.

La littérature et les arts visuels présentent le thème des hôpitaux psychiatriques de différentes façons, en soulignant plus ou moins l'existence des murs immatériels, comme l'a fait Forman dans son film cité plus haut. L'idée retenue par de tels témoignages artistiques répond à l'expérience que Basaglia lui-même a racontée sur l'ouverture des grilles :

> Io ricordo che dopo che aprimmo i padiglionidi Gorizia, nel 1963-1964, tutti ci aspettavamo di vedere cose terribili. Cosa mai poteva accadere ? Non accadde nulla. Fu perfino triste, perché eravamo pronti, pronti a chissà cosa… (Basaglia 1979 : 11[6])

L'ouverture des pavillons, portes et barrières, ne suscite pas la violence redoutée. Les fous restent tranquilles précisément parce que, comme l'explique Basaglia, ils se sentent de nouveau « des personnes » et non plus des « objets ». Et pourtant le mur immatériel est toujours là :

> Il recinto del cortile che delimitava lo spazio aperto di ogni divisione è ora abolito in sei reparti su otto. […] Questa libertà è stata però vissuta gradualmente dal malato. Il disegno del cortile cintato era rimasto impresso nella sua mente anche se egli stesso aveva contribuito ad abbatterlo, sì che per molto tempo non oltrepassava il limite che riconosceva suo e continuava a restare chiuso da una barriera che egli stesso si imponeva. La libertà che gli veniva data dall'esterno non era ancora il risultato di una sua conquista. (Basaglia 1965b : 275[7])

---

6 « Je me souviens qu'après avoir ouvert les pavillons de Gorizia, en 1963-1964, nous nous attendions tous à voir des choses terribles. Que pouvait-il bien se passer ? Il ne s'est rien passé. Ce fut même décevant parce que nous étions prêts, prêts à tout. »

7 « La clôture de la cour qui délimitait l'espace ouvert de chaque division est aujourd'hui tombée dans six des huit départements […] Cette liberté a pourtant été vécue progressivement par le malade. Le dessin de la cour clôturée était resté gravé dans son esprit même s'il avait lui-même contribué à l'abattre, de sorte que pendant très longtemps il ne passait pas la limite qu'il considérait encore comme sienne et il restait enfermé par une barrière qu'il s'imposait à lui-même. La liberté qui lui était accordée n'était pas encore pour lui le résultat d'une conquête. »

Pour accomplir la « conquête » de l'espace extérieur, les personnes enfermées avaient encore besoin d'acquérir la projection mentale leur permettant de passer au-delà du mur.

Ce processus mental, a été représenté par Forman et également par Marco Turco dans le film *C'era una volta la città dei matti* (Turco 2010). La scène symbolique racontée par Giuliano Scabia qui – dans son journal (Scabia 1976) – décrit la journée pendant laquelle Basaglia rompt le mur d'enceinte pour faire sortir le dispositif théâtral du grand cheval bleu en papier-mâché fabriqué par les patients de l'asile – et surnommé par eux Marco Cavallo – sera reproduite par Marco Turco dans son film. Les dialogues de la scène représentent à la perfection l'état d'âme des protagonistes de l'événement. Les fous regardent le cheval qui est trop grand pour pouvoir passer sous la porte et ils font des commentaires en relation avec leur propre crainte de ne pas pouvoir sortir et d'avoir mis trop d'espoir dans le cheval en papier-mâché : « Il ne veut pas sortir, qu'est-ce qu'on fait ? J'ai peur, il est devenu fou » ; « C'est de notre faute, on lui a trop bourré la panse » ; « Même un faux cheval ne sort pas d'ici » (Bucaccio, Colja, Sermoneta, Turco 2011 : 336). Le geste de Basaglia qui, pour faire sortir le cheval, démolit la barrière de l'hôpital en se servant, avec les autres participants, d'un banc, a été photographié par les journalistes présents et il devient, comme le cheval, une icône de sa révolution psychiatrique.

De la même façon, le jour où la barrière externe de l'hôpital psychiatrique est abattue par les médecins et par les patients de l'hôpital de Trieste, les patients hésitent entre entrer et sortir, ils ont du mal à quitter l'asile. Turco introduit la scène dans son film : l'idée de la frontière est restée imprimée dans les esprits des patients enfermés depuis trop longtemps, le mur immatériel les empêche de sortir. Les « portes ouvertes » des asiles de fous représentées dans ces longs-métrages renouvellent de façon créative l'attente sur laquelle Basaglia s'était focalisé quand il écrivait :

> La porta aperta diventa, allora, un'indicazione per una presa di coscienza sul significato della porta, della separazione, dell'esclusione di cui i malati sono oggetto in questa società. Essa assume un valore simbolico oltre il quale il malato si riconosce come « non pericoloso a sé e agli altri » e questa scoperta non può non spingerlo a domandarsi perché mai sia costretto, allora, ad una condizione tanto infamante e perché lo si escluda. (Basaglia 1968 : 490[8])

8 « La porte ouverte devient, alors, un indice pour une prise de conscience de la signification de la porte, de la séparation, de l'exclusion dont les malades sont l'objet dans cette société. Elle acquiert une valeur symbolique au-delà de laquelle le malade se reconnait comme un individu "ni dangereux pour lui-même ni pour les autres" et

Monde intérieur et monde extérieur, la question se pose à nouveau sur grand écran dans plusieurs productions cinématographiques : Nicola, protagoniste du film *La Pecora nera* de Ascanio Celestini (Celestini 2006) s'enfuit de l'asile de fous en passant par-dessus la barrière pour aller déclarer son amour de toujours à Marinella, sa camarade de classe retrouvée après 30 ans, mais pour ce geste il sera ré-objectivé et attaché dans son lit ; dans *La meglio gioventù* de Marco Tullio Giordana (Giordana 2003) la fugue de Giorgia de l'hôpital psychiatrique est l'élément déclencheur de la longue histoire des frères Caraci, mais représente pour elle le début d'une série d'isolements dramatiques en asiles psychiatriques, dans l'attente d'être finalement assistée et mise en condition d'être placée dans un foyer d'accueil (Alan O'Leary 2009 : 221). Les deux protagonistes en cavale dans *La Pazza gioia* de Paolo Virzì (Virzì 2016), malgré le placement punitif mais temporaire dans une unité médico-psychiatrique, trouvent un lien relationnel avec le monde extérieur, une modalité non violente qui leur permet – après avoir goûté à la réalité – de revenir spontanément au Centre de santé mentale de Villa Biondi pour y être soignées.

Les images de murs matériels et immatériels à franchir sont toujours actives dans l'imaginaire narratif et cinématographique : elles sont devenues des thèmes, des métaphores, et aussi des rappels d'une « conquête » : pouvoir passer au-delà du « dessin de la clôture » imprimé dans l'esprit.

Bibliographie

Babini Valeria, *Liberi tutti. Manicomi e psichiatri in Italia : una storia del Novecento*, Bologna, il Mulino, 2009.

— (dir.), *Tra sapere e potere. La psichiatria italiana nella seconda metà dell'Ottocento*, Bologna, il Mulino, 1982.

Basaglia Franco, *La distruzione dell'ospedale psichiatrico come luogo di istituzionalizzazione. Mortificazione e libertà dello « spazio chiuso ». Considerazioni sul sistema « open door »* (1965a), in Basaglia, 2018, p. 261-269.

— *La comunità terapeutica come base di un servizio psichiatrico. Realtà e prospettive* (1965b), in *Id.*, *Scritti. I. 1953-1968*, Franca Ongaro Basaglia (dir.), Torino, Einaudi, 1981.

— (dir.), *Che cos'è la psichiatria ?*, Parma, Amministrazione provinciale di Parma, 1967 (puis Torino, Einaudi, 1973).

— *Il problema dell'incidente* (1968), in Basaglia, 2018, p. 487-491.

---

cette découverte ne peut pas ne pas le pousser à se demander pourquoi diable il est contraint, alors, à une condition tellement déshonorante et pourquoi il est exclu. »

— *Le tecniche psichiatriche come strumento di liberazione o di oppressione* (San Paolo, 1979), in *Id.*, *Conferenze brasiliane*, Milano, Raffaello Cortina, 2000.

— (dir.), *A Psiquiatria Alternativa. Contra o pessimismo da razao, o otimismo da pratica. Conferencias no Brasil*, São Paulo, Brasil Debates, 1979.

— *L'institution en négation*, trad. Louis Bonalumi, Paris, Les éditions arkhê, 2012, 139-140.

— *Le istituzioni della violenza*, in Basaglia Franco (dir.), *L'istituzione negata*, Milano, Baldini & Castoldi, 2014, p. 111-151.

— *Scritti 1953-1980*, Ongaro Basaglia Franca (dir.), Milano, il Saggiatore, 2018.

Basaglia Franco et Ongaro Basaglia Franca (dir.), *Morire di classe. La condizione manicomiale fotografata da Carla Cerati e Gianni Berengo Gardin*, Torino, Einaudi, 1969.

— (dir.), *La maggioranza deviante*, Torino, Einaudi, 1971.

— (dir.), *La institución en la picota*, Buenos Aires, Editorial Encuadre, 1974.

— (dir.), *Crimini di pace. Ricerche sugli intellettuali e sui tecnici come addetti all'oppressione*, Torino, Einaudi, 1975.

Bucaccio Elena, Colja Katja, Sermoneta Alessandro et Turco Marco, *C'era una volta la città dei matti. Un film di Marco Turco : dal soggetto alla sceneggiatura*, Merano, AB Alphabeta Verlag, 2011.

Canosa Roberto, *Storia del manicomio in Italia dall'Unità a oggi*, Milano, Feltrinelli, 1979.

Celestini Ascanio, *La pecora nera. Elogio funebre del manicomio elettrico*, Torino, Einaudi, 2006 ; *Id.*, *La pecora nera*, 2010

(https://www.youtube.com/watch?v=OoR6NmSxWoA); nouvelle édition avec dvd, Ascanio Celestini, *La pecora nera*, Torino, Einaudi, 2010.

Codato Francesco, *Follia, potere e istituzione : genesi del pensiero di Franco Basaglia*, Trento, Tangram edizioni, 2014.

Colucci Mario et Di Vittorio Pierangelo, *Franco Basaglia*, Milano, Bruno Mondadori, 2001.

Foot John, *La « Repubblica dei Matti ». Franco Basaglia e la psichiatria radicale in Italia, 1961-1978*, Milano, Feltrinelli, 2017.

Forman Milos, *One Flew Over the Cuckoo's nest*, 1975.

Foucault Michel, *Surveiller et punir. Naissance de la prison*, Paris, Gallimard, 1975.

— *Dits et écrits*, vol. IV, Gallimard, Paris, 1984.

— *Le corps utopique*. Suivi de *Les hétérotopies*, postface de Daniel Defert, Fécamp, Nouvelles éd. Lignes, 2009.

Giordana Marco Tullio, *La meglio gioventù*, 2003.

Guglielmi Marina, *Raccontare il manicomio. La macchina narrativa di Basaglia fra parole e immagini*, Firenze, Cesati, 2018.

Kesey Ken, *One Flew Over the Cuckoo's nest* (1962), New York, Penguin Books, 1977.

Niro Silvia, *Franco Basaglia : il riformatore della salute mentale*, Milano, Hachette, 2016.

O'Leary Alan, *Marco Tullio Giordana, or The Persistence of Impegno*, in *Postmodern Impegno. Ethics and Commitment in Contemporary Italian Culture*, Pierpaolo Antonello (dir.), Florian Mussgnug, Oxford, Peter Lang, 2009.

Pitrelli Nico, *L'uomo che restituì la parola ai matti : Franco Basaglia, la comunicazione e la fine dei manicomi*, Roma, Editori Riuniti, 2008.

Roscioni Lisa, *Il governo della follia. Ospedali, medici e pazzi nell'età moderna*, Milano, Bruno Mondadori, 2003.

Rovatti Pier Aldo, *Restituire la soggettività : lezioni sul pensiero di Franco Basaglia*, Merano, AB, 2013.

Scabia Giuliano (dir.), *Marco Cavallo. Una esperienza di animazione in un ospedale psichiatrico*, Torino, Einaudi, 1976.

Sforza Tarabochia Alvise, *Psychiatry, Subjectivity, Community : Franco Basaglia and Biopolitics*, New York, Peter Lang, 2013.

Turco Marco, *C'era una volta la città dei matti*, 2010.

Virzì Paolo, *La pazza gioia*, 2016.

Michaël Batalla et les limites non frontières de l'Europe

Henri Desbois et Emmanuel Rubio
Université Paris Nanterre

En 2017, pour célébrer ses quarante ans, la revue *PO&SIE* décida de consacrer une double livraison consacrée à l'Europe, « Trans Europe Éclairs », associant poètes mais aussi philosophes, anthropologues ou autres, autour d'un continent parlé « à l'optatif » (Deguy 2017 : 5). Une Europe à réinventer, donc, dans la confrontation entre les savoirs et les écritures. Parmi les différentes contributions, de personnalités aussi diverses que Patrick Boucheron, Jean-Luc Nancy, Marc Augé ou Barbara Cassin, Michaël Batalla proposait un exercice de « poésie possible » – pour reprendre le titre de son recueil paru chez NOUS deux ans plus tôt : « L'Europe, l'horizon.. sont dans un bateau » (Batalla 2017 : 11). Étonnant poème, qui semblait condenser à lui seul la rencontre des genres, et avait de quoi susciter l'intérêt des géographes[1]. Ne semblait-il pas développer une sensibilité géographique véritable, associée à une forme de discours géographique tout à fait hors de l'écriture académique conventionnelle ? Et porter de ce fait une forme de connaissance sur le territoire qui paraissait complémentaire de celle ordinairement produite par la géographie, comme discipline scolaire et champ scientifique ?

À vrai dire, il est relativement banal, dans la géographie académique, de reconnaître à l'écriture littéraire une capacité, rarement étudiée en détail, à représenter les lieux avec une puissance d'évocation supérieure à celle des textes scientifiques, en particulier par la restitution de l'expérience singulière qu'un sujet individuel peut en faire. C'est un des arguments qui poussent Dardel (1952), et, après lui, nombre de géographes se rattachant plus ou moins explicitement au courant humaniste, à plaider

[1] Le poème a d'abord été entendu une première fois à Nancy, lu par l'auteur, le 30 novembre 2017, puis discuté lors d'un séminaire consacré aux liens entre littérature et géographie, le 6 juin 2018.

pour un dialogue avec les textes de la littérature[2]. Le poème de Batalla ne relève pourtant pas exactement du genre de la description frappante ou de l'expression vigoureuse du sentiment d'attachement aux lieux que les géographes associent ordinairement à l'écriture lyrique. Par son mélange de didactisme et de lyrisme, tantôt sur le ton de la confidence, tantôt dans la réflexivité de la distanciation, il approche son objet, l'Europe, par le déploiement d'un large spectre de modes d'écriture. Il le fait encore sous plusieurs angles, et, pour l'exprimer en termes géographiques, à plusieurs échelles successives, et parfois, simultanées – lorsque, par exemple, plusieurs villes tchèques figurent comme lieux possibles d'un seul et même épisode culinaire. Le jeu sur les échelles va ainsi du plus large, avec « l'improbabilité de (notre) configuration ^bio^cosmique », au très local, à l'échelle du corps et de son environnement immédiat (les souvenirs liés à la nourriture), en passant par le niveau global (les escapades hors d'Europe), continental, national… Rappelons seulement que cet emboîtement d'échelles presque vertigineux demeure un des fondements de la pensée géographique, qui cherche toujours à situer ses objets par rapport à un contexte plus large.

La géographie comme science est d'ailleurs très présente dans le poème, à commencer par les allusions à la carte. C'est ainsi qu'une bonne partie de la fin du poème s'emploie à tracer de manière imaginaire lignes et tangente à même la carte du monde, et se résout en « divagations *triangulationnistes* ». Pour curieux qu'il puisse paraître – il semble presque désigner un mouvement artistique – le néologisme renvoie à la triangulation comme opération de base de la cartographie mathématique… Le caractère abstrait de la cartographie est d'ailleurs symbolisé à l'occasion par les coordonnées GPS, « Global Positioning System » dans le texte, dont le sigle développé accentue l'aspect froidement inhumain. Mises en valeur par la typographie en gras, ces coordonnées développent même une précision poussée jusqu'à l'absurde (le dixième de seconde d'arc, soit environ 3 mètres en latitude, et encore un peu moins en longitude) : « 34°48'03.1N 24°07'19.8E ». Le langage humain s'abolit ici dans les chiffres, tant et si bien que le « point » n'est plus, ensuite, désigné que par son symbole typographique : « • ».

De manière moins évidente, l'adjectif « cartographique » se voit pourtant d'abord accolé au mot « image » : « …images cartographiques (pour ne pas dire modernes) », en guise d'introduction à trois souvenirs personnels (République tchèque, Londres, Sicile) proposés comme esquisse d'une expérience intime de l'Europe. Or, les images ici convoquées n'ont rien, à strictement parler, de cartographique, sinon dans le fait d'être ancrées

[2] Voir par exemple Henri Desbois et Philippe Gervais-Lambony (2017).

dans des lieux précis, et de servir, suppose-t-on, de points géodésiques dans la grande triangulation mentale privée du narrateur. À sa façon, la poésie récuse ainsi la saisie globale, d'en haut, de la carte géographique – de la même manière qu'elle commence par repousser les mots impersonnels de *l'universel reportage* (pour reprendre l'excommunication mallarméenne), au revers desquels se cherchent ceux de la poésie. Aux « locutions baroques » journalistiques, qui « meublent » un moment le poème, s'opposera plutôt le retour aux « choses anecdotiques. simples / [limite]banales » – dans un mouvement d'assomption du sensible et de protestation d'humilité tout à la fois, qui doit beaucoup au *parti-pris des choses* de Francis Ponge. Les spécialités culinaires y font visiblement contrepoids aux généralités journalistiques, ancrent le propos dans l'expérience proprement physique des lieux – à rebours d'une anecdote qui voit le poète achopper sur l'anglais international.

Le poème est ainsi traversé par une tension entre le savoir construit scientifiquement d'une part et la géographie vécue, voire imaginée d'autre part. Le fait est d'autant plus frappant qu'aucune médiation ne paraît vraiment proposée. L'Europe, dans le poème, se présente comme une pure abstraction géographique/cartographique : nulle mention d'une histoire partagée, non plus que d'une culture commune. Au contraire, l'usage de plusieurs langues jusque dans la lettre du poème tend plutôt à souligner la diversité de l'espace européen, « d'une fraction de continent relativement stable . relativement commune encore », mais pas nécessairement unifiée *a priori*.

Saisir l'Europe, ce serait donc projeter sur l'abstraction cartographique l'expérience intime du territoire, par un inventaire de souvenirs liés aux lieux ? Nombre de nos souvenirs intimes sont ainsi indexés par la géographie, de ceux liés aux grandes commotions collectives aux plus anodins d'entre eux. L'exercice, ici, est propice à l'accumulation des toponymes. Celui qui devrait tous les englober, « Europe », apparait dès l'orée du poème décevant dans sa capacité à entrainer le mouvement de l'écriture : la tentative de se livrer à son endroit au jeu proustien de l'écoute des harmoniques, aux décryptages mythologiques, qui sait ?, tourne court. Le territoire, pour être vraiment abordé, doit d'abord se voir décomposer, et retrouver des échelles plus humaines. Přimda, Bor ou Kladruby, et d'autres noms de lieux moins exotiques, forment une constellation qui ponctue le texte sur toute sa longueur. Les toponymes rares ont un pouvoir d'évocation propre. En un sens, ils sont sonorité pure, n'évoquant autre chose que l'exotisme, le cas échéant, de la langue qui les a formés, et laissant l'imagination les remplir de ce que l'on suppose du pays où ils s'enracinent. À la différence des noms plus connus, ils ont la séduction des contrées encore non visitées, de la promesse de la découverte. Le poème de Batalla en fait un large usage, jusqu'à prendre, par endroits, des airs de *gazetteer*. La liste, ou l'index géographique, il convient de le rappeler, relèvent d'une géographie antérieure à la carte, notamment celle des itinéraires, géographie du corps en mouvement plus que de la mesure, géographie du texte plus que de l'image.

C'est aussi qu'à bien y regarder, l'Europe prend moins son unité des divers éléments évoqués que de la condition même de leur expérience : à savoir la mobilité du sujet. « Vue comme cela / l'Europe / c'est d'abord la continuité facile d'une fraction de continent/ relativement stable / relativement continue encore / « chez » minimum / à la fois minimal et minuscule / c'est l'étendue des virées transfrontalières ». De l'ensemble du poème se dégage l'impression d'une circulation aisée, que résumerait assez bien l'expression « *la courbure de l'ici* ». La courbure, autant que l'échelle de la sphère terrestre, ou du planisphère, évoque l'absence de friction, la libre circulation des corps, que miment ici les sauts de la pensée qui rebondit par échos (le mot est employé deux fois) d'un souvenir et d'un lieu à l'autre. Ce principe d'échos est illustré par la façon dont les Égades, où commence le poème, ravivent le souvenir de Likos, dont l'aurore évoquait le soir varois. D'autres échos résonnent au long du poème : d'horizon en horizon, de sphère en courbe, de bateaux en bateaux. Ainsi se construit la géographie, par les excursions successives de la mémoire. Mémoire à deux versants, apparemment : celui des voyages et celui des « racines ». Mais celles-ci tiennent assurément la portion congrue – « conscientes de ne jamais pouvoir atteindre / la profondeur atteinte par celles des vignes » –, ne serait-ce que parce qu'elles-mêmes sont liées à la mobilité, relevant presque exclusivement de « l'exil d'ainesse versant paternel », depuis la Catalogne jusqu'à la France.

Reste évidemment que toute totalité échappe à une telle entreprise, comme toute définition des limites du continent. *A posteriori*, il est par exemple assez évident que l'Europe de l'Est, longtemps de l'autre côté du rideau de fer, ne figure que très marginalement dans ce tableau, sans que le poème n'interroge vraiment cette fracture, poursuivie presque trente ans après la chute du mur de Berlin. Le « protocole » mis en place par le poète, depuis ses parcours vers ceux de sa famille ou de ses proches, butte nécessairement sur l'étendue de l'espace à considérer, et l'impossible établissement de ses limites.

Frappante, de ce point de vue, reste l'opposition latente entre deux types de lignes géographiques dans le cours du poème : la frontière, qui saisirait un *objet* Europe, et l'horizon, limite insaisissable, qui associe au point de vue un territoire de la vision – et permet *in fine* la rencontre, dans le paysage, de la subjectivité et du monde objectif. Et ce, évidemment, dès le titre, « L'Europe, l'horizon… sont dans un bateau », qui plante une sorte d'antagonisme entre l'Europe et l'horizon, voire, par le biais de la rengaine – qui tombe à l'eau ? –, le nécessaire sacrifice de l'un d'entre eux… Il y va là, certainement, d'une opposition dans la *constitution* même de l'espace, qui ne trouve d'abord pas à se résoudre, alors même que l'attention à l'horizon paraît à la source même de l'écriture poétique.

Dans le cours du poème, Batalla rappelle en effet comment, par une gymnastique régulière, il pouvait s'essayer à la *scription* de l'aurore comme *événement*, face à l'océan. La genèse toujours rejouée du monde, presque abstraite, s'y confond avec celle de l'horizon comme ligne de *partage*. Partage entre la mer et le ciel (« deux mélanges bleutés, deux "affaires de bleu" / scindées par une estompe sans bavure »). Mais partage également entre un ici et un là-bas, au-delà de l'horizon, fondation d'un ici, faudrait-il peut-être dire, comme lieu d'une *expérience*. Soit d'un possible *habiter* – sans pour autant que cette aire ne puisse se déplacer avec l'observateur. L'investigation de l'horizon par la poésie n'est d'ailleurs pas pour surprendre. Les travaux de Michel Collot sur *L'Horizon fabuleux* (Corti, 1988) ou *La Poésie moderne et la structure d'horizon* (PUF, 2005) ont placé le sujet au cœur de l'approche de la poésie depuis les années 1980[3]. Mais le poème, soumis à cette équation comme impossible entre horizon et frontière, trouve vraiment à se déployer dans ce qui apparaît, de fait, comme un dédoublement d'horizon. Alors que l'énonciation s'ancrait explicitement dans le Nord de la Sicile, à la faveur des vacances estivales, le poète revient vers des vacances antérieures et de précédents exercices poétiques sur la côte crétoise, à Likos plus précisément.

A priori, rien d'étonnant à cela. La logique du recommencement et l'exposé du dossier poétique répondent assurément de la lignée pongienne. Plus qu'une cristallisation langagière, la poésie expose sa *fabrique* et se détermine dans l'effort sans cesse repris d'approche de l'objet… Reste que Likos, pour relever du hasard des vacances (comme la Sicile pour commencer), possède une géographie européenne toute particulière. L'île de Gavdos, qui lui fait face, est réputée constituer le point le plus au sud de l'Europe. À Likos, le poète s'installe ainsi sur le bord même de l'Europe. Quelques pages plus haut, il avait évoqué ses voyages « hors de l'Europe » et la possibilité « de "voir" tout ça de l'extérieur » – sans que la somme

3 Signe s'il en fallait d'une proximité évidente : Michel Collot rédige en 2007 la postface au second recueil de Batalla, *Poèmes paysages maintenant*, dans lequel le poète se livre déjà à un de ses exercices d'horizon face à l'océan.

de ces échappées (moins de six mois hors du continent) ne permette de véritable perspective. La tentation d'une saisie externe de l'Europe renaît avec l'installation sur la tangente, pour ne pas dire : la frontière…

Tout l'intérêt, à partir de là, tient à ce qu'à Likos, justement, la vue soit systématiquement empêchée. De la côte, soit du nord, le point de vue le plus au sud de l'île de Gavdos n'est naturellement pas saisissable. Mais l'île elle-même reste « malvisible » – et la constatation sensible ne tarde pas à basculer vers une ignorance plus large. « L'île apparaîtrait plus tard / quand l'horizon serait bien noir / après le zénith / – pour l'instant pas de "terre" / on savait juste que de l'autre côté / c'était la guerre ou pire / cette espèce de suite interminable à la guerre / …parmi les inventions du siècle ». Aux « affaires de bleu » succède dans le texte « l'horizon noir », qui marque, plus encore que le partage, l'impossibilité de rétablir, ne serait-ce que par le savoir, l'imagination, un au-delà de l'horizon. D'une certaine manière, le fait de ne pas se placer sur Gavdos, face à face avec l'Europe, donc, vaut pour l'impossibilité plus large à se situer *de l'autre côté*.

Or c'est ici qu'entre en scène ce qui pouvait paraître au revers du paysage, soit la cartographie en tant que telle – qui se traduit aussi bien par l'indication de la position GPS de Gavdos que par l'invention de lignes géographiques à l'échelle du globe. Faut-il faire le lien avec les « locutions baroques » caricaturant le journalisme, venues en tout premier lieu meubler le « vide » ressenti autour de l'Europe ? Tracés et « divagations triangulationnistes » à même la carte tentent de « sublimer (par la fiction ^{géo}géométrique) / la tristesse inopérante dans l'épaisseur^{trouble} / de l'horizon noir en formation ». D'une certaine manière, l'irruption de la carte répond aux deux mouvements d'approche du poème. Dépassement de la saisie individuelle du monde, elle poursuit le *protocole* d'élargissement du monde connu propre à la première partie du poème (Ptolémée admirait déjà dans la cartographie qu'elle offre la terre « en image, quoique vraiment sous nos yeux et très grande, mais ne nous entourant pas, et ne pouvant être parcourue ni en totalité, ni dans ses localités particulières, par les mêmes hommes » [1828 : 8]). Mais ce surcroît de déplacement ne doit pas occulter la manière dont la vision est empêchée depuis Likos, ni l'impossibilité même d'imaginer un déplacement vers l'horizon. Il est notable, dans ce contexte, que les tracés imaginés par Batalla à même la carte soient plutôt des vecteurs de déplacement, on dirait volontiers des *lignes de fuite*, et ce, non tant depuis Likos que *vers* Likos : « Il avait été question d'une diagonale jusqu'à Syrte / diagonale qui paraissait mentalement / – tirée jusqu'à Sfakia – pouvoir tangenter Benghazi / mais que l'épreuve de la carte projeta bien plus au large / sans contact tangentiel avec la côte ». Comment ne pas retrouver en effet, dans ces diagonales, le chemin imaginé des migrants depuis la Lybie ? La carte permet ainsi de fantasmer le point de vue *externe* à l'Europe, qui permettrait enfin d'accomplir la saisie du continent.

La structure d'horizon ne définit pas seulement un en-deçà de l'horizon. Elle ouvre tout aussi bien un *ailleurs*, propre au fantasme dès lors qu'il ne peut plus être parcouru, même virtuellement (Collot 1988). À défaut de saisie véritable de l'intérieur, l'Europe se découvre finalement depuis ce fantasme-ci – ou cette réalité des migrations devenue fantasme à force d'impénétrabilité de l'*horizon noir*. L'Europe se définissait d'abord par la perméabilité des frontières et l'aisance des déplacements ; elle finit par buter sur cet impossible franchissement. Les bateaux de plaisance qui ouvraient le poème se voient substituer, en toute fin, la « barcasse » échouée des migrants, « progressivement démantibulée par les tempêtes » – qui renvoie elle-même à toutes les morts en mer de cette odyssée collective.

Pour finir, les déplacements personnels du vacancier se heurtent ainsi aux flux de la géopolitique. Heurt qui, pour se faire rencontrer les échelles les plus diverses, caractérise les lieux parcourus par le poète au moins autant que sa poésie, et ancre celle-ci sur une expérience partagée. La poésie, confrontée à la difficulté d'écrire l'Europe, rencontre encore un des mouvements contemporain de redéfinition du continent : en un moment où ses motivations internes se font moins évidentes, en un temps de Brexit et autres horizons purement nationalistes, la tentation est forte de se situer par rapport à un extérieur strict et aux migrations qui le caractérisent. La poésie, pourtant, se garde de donner des réponses. Le *parti pris des choses*, dans l'angoisse des années 1940 et de la Seconde Guerre mondiale, récusait déjà fièrement le poids mortifère des idées. Et le mouvement de reprise incessante du poème, lui aussi hérité de Ponge, en appelle de toute évidence à un mouvement de considération toujours relancé, pour une poésie « possible », en-deçà de tout surplomb comme de toute certitude.

Ce faisant, le poème évite bien des écueils. Si l'*autre* invisible peut être support de fantasme, l'absence totale de *fonds* culturel donné à l'Europe ne permet pas de figer cette altérité en une quelconque impossibilité. À tout prendre, le territoire ne se trouve cerné que par une paradoxale union de la circulation et de son empêchement. Et c'est même la force du poème que de remettre en cause l'alternative de son titre – à laquelle le finale prête quelque tonalité plus tragique. Si les lignes imaginairement tracées depuis Likos ne rencontrent guère la géographie des cartes, elles semblent en effet, comme par une sorte de *hasard objectif*, préparer l'arrivée d'un bateau et de ses rescapés. Là où la cartographie est l'opération qui réduit le foisonnement de la complexité du Monde à une géométrie mesurée et calculable, la « fiction ^{géo}géométrique » se propose d'accomplir presque l'opération inverse, comme par une sorte de géodésie magique. Et les drames répétés autour de Lampedusa finissent par se dessiner sur le fond de cette arrivée-ci, imprévue et non moins réelle. Sans ciller, le poème se conclut par le souvenir de ces « aventuriers de l'horizon noir aujourd'hui dispersés. Vivants / ...habitants de la courbure », dont rien ne s'opposait fondamentalement à ce qu'ils deviennent européens...

En dernier recours, c'est d'ailleurs la langue même du poème qui défait toute frontière définitive, et ne se reconnaît que dans les rencontres. L'enchâssement entre notations objectives et vues plus personnelles, entre science et lyrisme, se démultiplie dans les tonalités et les lexiques les plus divers, jusqu'à inclure bien souvent, et de manière significative, les mots et alphabets étrangers. Il n'est jusqu'à la typographie qui, dans cette même optique, ne se plaise aux variations, de la numérotation des remarques à l'usage renouvelé de l'exposant – incluant la notation scientifique pour la détourner une fois de plus. Changements d'alinéa, de taille de caractère, usage d'une ponctuation revisitée (les points entourés d'espaces, les deux points de suspension)... Pas de doute : tout travaille, aux antipodes de la transparence supposée de l'écriture scientifique, à inscrire une pratique *en mouvement*, qui vise moins le « choc » moderne que de la constitution d'une langue hétérogène, à même d'accueillir le divers... et de revisiter chaque fois une géographie en mouvement.

Bibliographie

Batalla Michaël, « L'Europe, l'horizon.. sont dans un bateau », in *PO&SIE*, n° 162, « Trans Europe Éclairs 2 », avril 2017, p. 11-16 (https://www.cairn.info/revue-poesie-2017-4-page-11.htm).

— *Poèmes paysages maintenant*, Paris, Jean-Michel Place, 2007.

Collot Michel, *L'Horizon fabuleux*, Paris, Corti, 1988.

— *La Poésie moderne et la structure d'horizon*, Paris, PUF, 2005.

Dardel Éric, *L'Homme et la Terre*, Paris, PUF, 1952.

Deguy Michel, éditorial, in *PO&SIE*, n° 160-161, « Trans Europe Éclairs », février 2017, p. 5.

Desbois Henri et Gervais-Lambony Philippe, *« Les Lieux que nous avons connus », deux essais sur l'humain, la géographie, et la littérature*, Nanterre, Presses Universitaires de Nanterre, 2017.

Ptolémée, *Traité de géographie*, ch. I, trad. abbé Halma, Eberhart, 1828.

Bibliographie incomplète et indisciplinée

Pour une mise en commun des références bibliographiques

Lucia Quaquarelli
Université Paris Nanterre

Théo Soula
Université Toulouse Jean Jaurès

Dans *Surveiller et punir*, Michel Foucault (1975) nous mettait en garde contre la violence disciplinaire et nous montrait l'urgence de repenser nos pratiques à partir de l'exercice de l'indiscipline. Si les disciplines sont des « formules générales de domination » (Foucault 1975 : 139), l'indiscipline devient, « d'une manière systématiquement ambiguë », un « droit fondamental » et une « forme d'ordre désordonné de la société » (*ibid.* : 296). L'indiscipline est subversion et transgression ; elle est contre-pouvoir et affirmation d'un autre possible. Lui faisant écho, Stuart Hall, dans un passionnant dialogue avec Miguel Mellino (2007), défend une « théorie sans discipline » qui ne serait pas un refus ou un abandon des disciplines, mais, conformément à la stratégie de Jacques Derrida, une manière de travailler *avec et sur* les disciplines, une manière de garder les disciplines « sous rature » :

> Nous devons continuer à penser le monde à travers ces concepts, dans le cadre des paradigmes qui ont constitué notre monde intellectuel, tout en reconnaissant qu'ils sont en difficulté ou en crise, qu'ils ne sont plus adaptés ni autosuffisants, qu'ils ont besoin d'ajustements. (Hall et Mellino 2007 : 32[1])

L'indiscipline serait ainsi, avant tout, une volonté de dévoiler et de questionner la puissance (violence) configurante des disciplines – leur capacité de *faire monde* en le disant – et, également, un effort pour rendre visibles les imbrications entre culture et pouvoir dans l'échiquier des relations

1 Toutes les traductions sont réalisées par les auteurs du présent article.

géopolitiques. Elle serait donc, avant tout, une pratique : l'exercice de lire le monde non pas *à travers* des lunettes disciplinaires (et leur outillage fin et souvent opérationnel), mais *avec* ces mêmes lunettes, c'est à dire révélant et prenant en compte tout à la fois leur *opacité performative* et leur dimension située et historiquement déterminée. Les disciplines sont bien plus des prismes et des dispositifs de la vision que des manières de restituer le monde à son « évidence ». Et si elles nous permettent de pratiquer le monde de façon souvent efficace, elles nous en cachent des zones et nous en relèvent d'autres, elles nous indiquent des chemins et nous en interdisent d'autres. Elles « rayent » le monde, comme semble le suggérer Palomar, personnage myope d'Italo Calvino, en regardant Saturne dans une nuit de pleine lune :

> eccolo nitidissimo, bianchissimo, esatti i contorni della sfera e dell'anello ; una leggera rigatura di paralleli zebra le sfera ; una circonferenza più scura separa il bordo dell'anello ; questo telescopio non capta quasi altri dettagli e accentua l'astrazione geometrica dell'oggetto ; il senso d'una lontananza estrema anziché attenuarsi risalta più che a occhio nudo. (Calvino 1983 : 40[2])

La joie d'une vision limpide, nette, aux contours exacts, que Palomar obtient avec son télescope, est aussitôt « tachée », niée, par la présence d'une « légère rayure de parallèles ». Une grille suspecte, que l'on peut très difficilement attribuer à la planète et qui pousse Palomar loin, très loin de l'objet observé. Les propriétés de l'instrument de vision se mélangent à celles de l'objet observé et Palomar, homme précis et diligent, les insère toutes, l'une après l'autre et sans distinction, dans sa perception/description de Saturne. La blancheur, la sphéricité, l'anneau et les grilles des parallèles constituent ensemble, et sans distinction, les qualités de Saturne. L'abstraction géométrique de la réalité produite par l'observation au télescope est le résultat du mode de fonctionnement du dispositif : elle ne préexiste pas à son observation, elle en est la conséquence. Et, ainsi, le monde s'éloigne aux yeux de Palomar comme aux nôtres, dans une opacité déroutante et sans espoir. À moins que l'abstraction ne soit pas, elle-même et sans cesse, interrogée et mise en discussion.

Mais Foucault nous dit aussi une autre chose à propos des disciplines : « l'espace disciplinaire tend à se diviser en autant de parcelles qu'il y a de corps ou d'éléments à répartir » (Foucault 1975 : 143). La multiplication

2 « La voici, très nette, très blanche, exacts les contours de la sphère et de l'anneau ; une légère rayure de parallèles zèbre la sphère ; une circonférence plus foncée sépare le bord de l'anneau ; le télescope ne capte presque aucun autre détail et accentue l'abstraction géométrique de l'objet ; le sentiment d'éloignement extrême, au lieu de s'estomper, ressort plus qu'à l'œil nu. »

des disciplines serait encore une autre forme de contrôle : une « tactique d'antidésertion, d'antivagabondage, d'antiagglomération » (*ibid.*). Elle nous empêcherait de circuler et de changer de direction, de rebrousser chemin et de se réunir. Elle nous ôterait la possibilité d'une vision autre, d'une vision d'ensemble et d'une vision ensemble. Grille, elle serait aussi prison.

C'est pourquoi les notions, et les pratiques, d'interdisciplinarité ou de pluridisciplinarité nous intéressent moins que celles d'*indisciplinarité*. L'enjeu n'est pas simplement d'accorder une importance majeure à la diversification des dispositifs d'analyse et des références et de prôner un dialogue entre les disciplines. L'enjeu n'est pas, comme le dit Myriam Suchet, « de réconcilier les disciplines existantes » et de sortir des hiérarchies du savoir : il est de « penser en amont de leur distinction » (Suchet 2016 : 18) ; de tâcher de forcer les frontières des disciplines pour ouvrir des passages autres, pour circuler ailleurs et autrement. Il s'agit certes d'un chemin périlleux, parsemé de trous et de pièges, et théoriquement assez inconfortable. L'indiscipline est en effet une « relativement mauvaise notion théorique », son efficacité « s'expérimente » (*ibid.* : 6) et parfois elle échappe. L'indiscipline est avant tout un exercice et, en grande partie, un exercice de « mise en adéquation ». Car les objets de notre recherche sont souvent très peux disciplinés. Les phénomènes qui nous entourent et sur lesquels nous portons notre regard nous demandent sans cesse de changer de perspective, de position, d'échelle. Ils nous demandent constamment, pour être lus et compris, de changer de lunettes et de croiser les vues. Autant de jeux de décalages, glissements, déplacements qui introduisent forcément des *biais de lecture*. Mais ces biais constituent une véritable richesse problématique : ils sont les symptômes de la porosité (et de l'imposture) disciplinaire à partir de laquelle peut se concevoir la mise en commun des outils et des concepts qui constitue l'objectif même du chercheur. C'est lors de cette opération que se manifeste un « nomadisme », un vagabondage, une migration de notions qui nous permet, peut-être, de décentrer le regard, de regarder ensemble, et faire surgir d'autres visions : « Il ne fait pas réellement de doute que les emprunts et les transferts de concepts, de théories ou de méthodes d'une discipline à l'autre sont générateurs de savoirs nouveaux » (Darbellay 2012 : 14).

Une grande partie du travail indisciplinaire s'effectue alors pendant la phase, collective et collaborative, de combinaison des ressources, qui est à la fois une mise en relation, une mise à disposition et une mise en commun. Nous avons ainsi souhaité faire du moment bibliographique qui conclut l'ouvrage le reflet de l'expérience indisciplinaire qui en est à l'origine, pour en prolonger en quelque sorte le mouvement et en poursuivre la pratique. Afin de constituer une bibliographie « conclusive », nous avons demandé aux auteurs des différents articles qui composent cet ouvrage de nous fournir les dix principales références à partir desquelles ils avaient élaboré leur étude, et surtout de nous indiquer celles qu'ils considéraient comme particulièrement pertinentes, utiles, précieuses pour faciliter l'articulation des trois fils qui sous-tendent la trame du travail collectif : espace, littérature, mobilité. Cette bibliographie est donc le résultat d'une *mise en commun* et cherche à incarner l'idée selon laquelle la constitution d'une collectivité est une des meilleures manières de répondre à la question des disciplines, en les « raturant ». Une des meilleures manières d'affirmer le droit à la désertion, au vagabondage et à l'agglomération. D'affirmer le droit au passage. *Allemansrätt.*

Bibliographie

Adey Peter, *Mobility*, Londres, New York, Routledge, 2017.

Anselmi Gian Mario et Ruozzi Gino, *Luoghi della letteratura italiana*, Milano, Bruno Mondadori, 2003.

Arminio Franco, *Viaggio nel cratere*, Milano, Sironi, 2003.

Bailly Antoine, *La perception de l'espace urbain : les concepts, les méthodes d'étude, leur utilisation dans la recherche urbanistique*, Paris, CRU, 1977.

Benjamin Walter, *Paris, capitale du XIXe siècle : le livre des passages*, Rolf Tiedemann (dir.), Jean Lacoste (trad.), Paris, Les éditions du Cerf, 1993.

Besse Jean-Marc, *Habiter : un monde à mon image*, Paris, Flammarion, 2013.

Bottiglieri Nicola (dir. par), *Camminare scrivendo : il reportage narrativo e dintorni*, Cassino, Edizioni dell'Università degli studi di Cassino, 2001.

Brosseau Marc, « Geography's literature », in *Progress in Human Geography*, vol. 18, n° 3, p. 333-353.

Brosseau Marc, « The City in Textual Form : Manhattan Transfer's New York », in *Cultural Geographies*, n° 2, 1995, p. 89-114.

— *Des romans-géographes*, Paris, L'Harmattan, 1996.

Bruno Giuliana, *Atlas of Emotion. Journeys in Art, Architecture, and Film*, New York, Verso, 2002.

Calvino Italo, *Palomar*, Torino, Einaudi, 1983.

Caracciolo Marco, « Narrative Space and Readers' Responses to Stories : A Phenomenological Account », in *Style*, n° 47, 2013, p. 425-444.

Careri Francesco, *Walkscapes. Camminare come pratica estetica*, Torino, Einaudi, 2013.

Casey Edward S., *Representing Place. Landscape Painting & Maps*, Minneapolis, University of Minnesota Press, 2002.

— *The Fate of Place. A philosophical history*, Berkeley, University of California Press, 1998.

Charbonneau Bernard, *L'Hommauto*, Paris, Denoël, 1967.

Collot Michel, *La Pensée-paysage. Philosophie, arts, littérature*, Arles, Actes Sud/ENSP, 2011.

— *Pour une géographie littéraire*, Paris, Éditions Corti, 2014.

Cresswell Tim et Merriman Peter (dir.), *Geographies of Mobilities : Practices, Spaces, Subjects*, London, Ashgate, 2012.

D'Angelo Paolo, *Filosofia del paesaggio*, Macerata, Quodlibet, 2010.

Daniele Daniela, *Città senza mappa. Paesaggi urbani e racconto postmoderno in America*, Alessandria, Edizioni dell'orso, 1996.

Darbellay Frédéric (dir.), *La circulation des savoirs : interdisciplinarité, concepts nomades, analogies, métaphores*, Bern, Pays Multiples, 2012.

Dardel Éric, *L'Homme et la Terre. Nature de la réalité géographique* [1952], Paris, Éd. du CTHS, 1990.

Davila Thierry, *Marcher, créer. Déplacement, flâneries, dérives dans l'art de la fin du XXe siècle*, Paris, Regard, 2002.

De Certeau Michel, *L'invention du quotidien. Arts de faire 1*, Paris, Gallimard, 1990.

Desbois Henri, Gervais-Lambony Philippe et Musset Alain (dir.), *Annales de géographie* (« Géographie : la fiction au cœur »), n° 7, mai-août 2016.

Desbois Henri et Gervais-Lambony Philippe, *« Les lieux que nous avons connus ». Deux essais sur la géographie, l'humain et la littérature*, Nanterre, Presses Universitaires de Paris Nanterre, 2017.

Desportes Marc, *Paysages en mouvement. Transport et perception de l'espace XVIIIe-XIXe siècle*, Paris, Gallimard, 2005.

Duffy Larry, *Le Grand Transit Moderne : Mobility, Modernity and French Naturalist Fiction*, Amsterdam, Rodopi, 2005.

Farinelli Franco, *Geografia : un'introduzione ai modelli del mondo*, Torino, Einaudi, 2003.

Foucault Michel, *Surveiller et punir. Naissance de la prison*, Paris, Gallimard, 1975.

— « Des espaces autres » (1967), in *Dits et écrits IV*, Paris, Gallimard, 1994, p. 752-762.

Garric Henri, *Portraits de villes : marches et cartes. La représentation urbaine dans les discours contemporains*, Paris, H. Champion, 2007.

Dahan-Gaida Laurence (dir.), « Géocritique », numéro spécial *Epistémocritique, littérature et savoirs*, n° 9, 2011.

Godono Elvira, *La città nella letteratura postmoderna*, Napoli, Liguori, 2001.

Hall Stuart et Miguel Mellino, *La cultura e il potere. Conversazione sui cultural studies*, Roma, Meltemi, 2007.

Hegglund Jon, *World Views. Metageography of Modernist Fiction*, New York, Oxford University Press, 2012.

Hones Sheila, « Text as It Happens : Literary Geography », in *Geography Compass*, n° 2, 2008, p. 1301-17.

Iacoli Giulio, *A verdi lettere. Idee e stili del paesaggio letterario*, Firenze, Cesati, 2016.

Italiano Federico et Mastronunzio Marco, *Geopoetiche. Studi di geografia e letteratura*, Milano, Unicopli, 2011.

Jakob Michael, *Le paysage*, Gollion, Infolio éditions, 2008.

Justin D. Edwards et Graulund Rune (dir.), *Mobility at Large : Globalization, Textuality and Innovative Travel Writing*, Liverpool, Liverpool University Press, 2012.

Kagge Erling, *Camminare. Un gesto sovversivo*, Torino, Einaudi, 2018.

Lavadinho Sonia, *Le Renouveau de la marche urbaine. Terrains, acteurs et politiques*, Thèse de doctorat, École normale supérieure de Lyon, 2011.

Le Breton David, *Il mondo a piedi : elogio della marcia*, Milano, Feltrinelli, 2001.

Lévy Bertrand, « Géographie et littérature. Une synthèse historique », in *Le Globe*, t. 146, 2006, p. 25-52.

— « Géographie humaniste, géographie culturelle et littérature. Position épistémologique et méthodologique », in *Géographie et cultures*, vol. 21, 1997, p. 27-44.

Lingiardi Vittorio, *Mindscapes. Psiche nel paesaggio*, Milano, Raffaello Cortina, 2017.

Loubier Pierre, *Le Poète au labyrinthe : ville, errance, écriture*, Fontenay-aux-Roses, ENS éditions, 1998.

Lussaut Michel, *Hyper-lieux. Les Nouvelles géographies de la mondialisation*, Paris, Seuil, 2017.

Méaux Danièle et Mourey Jean-Pierre (dir.), *Le Paysage au rythme du voyage*, Saint-Étienne, Publications de l'Université de Saint-Étienne, 2011.

Moles Abraham André, *Labyrinthes du vécu : l'espace, matière d'actions*, Paris, Klincksieck, 1982.

Musset Alain, *Le Syndrome de Babylone. Géofictions de l'apocalypse*, Paris, Armand Colin, 2012.

Nacci Luigi, *Viandanza. Il cammino come educazione sentimentale*, Roma-Bari, Laterza, 2016.

O'Rourke Karen, *Walking and mapping. Artists as cartographers*, Cambridge, MIT Press, 2013.

Papotti Davide et Tomasi Franco (dir.), *La geografia del racconto. Sguardi interdisciplinari sul paesaggio urbano nella narrativa italiana contemporanea*, Bruxelles, Peter Lang, 2014.

Parsons Deborah, *Streetwalking the Metropolis : Women, the City and Modernity*, Oxford, Oxford Press University, 2000.

Peeren Esther, Stuit Hanneke et Van Weyenberg Astrid (dir.), *Peripherical Visions in the Globalizing Present : Space, Mobility, Aesthetics*, Amsterdam, Brill/Rodopi, 2016.

Perec Georges, *Espèces d'espaces* [1974], Paris, Galilée, 1997.

Perrot Michelle, *Histoire de chambre*, Paris, Seuil, 2009.

Pinder David, « Errant Paths : The Poetics and Politics of Walking », in *Environment and Planning D : Society & Space*, n° 29, 2011, p. 672-92.

Pocock Douglas C.D. (dir.), *Humanistic Geography and Literature*, Londres, Croom Helm, 1981.

Relph Edward, *Place and Placelessness*, Londres, SAGE, 2008.

Rosemberg Muriel, *L'Espace géographique* (« Spatialités littéraires »), n° 45, 2016.

Rossetto Tania, « Theorizing Maps with Literature », in *Progress in Human Geography*, n° 38, 2014, p. 513-30.

Rotella Carlo, *October Cities. The Redevelopment of Urban Literature*, Berkeley, University of California Press, 1998.

Sansot Pierre, *La Poétique de la ville*, Paris, Méridiens Klincksieck, 1988.

Schivelbusch Wolfgang, *The Railway Journey. The Industrialization of Time and Space in the 19th century* [1977], New York, Berg, 1986.

Sparke Penny, *The Modern Interior*, London, Reaktion Books, 2008.

Suchet Myriam, *Indiscipline*, Québec, Nota Bene, 2016.

Tally Robert T. (dir.), *Geocritical Explorations. Space, Place, and Mapping in Literary and Cultural Studies*, New York, Palgrave Macmillan, 2011.

Tester Keith (dir.), *The Flâneur*, London, Routledge, 1994.

Thibaud Jean-Paul et Siret Daniel (dir.), *Ambiances en actes*, Grenoble, Réseau International, Ambiances, 2012.

Tissier Jean-Louis (dir.), *Bulletin de l'Association de géographes français* (« Géographie et littérature »), septembre 2007.

Turri Emilio, *Il paesaggio come teatro : dal territorio vissuto al territorio rappresentato*, Venezia, Marsilio, 1998.

Vidler Anthony, *Warped Space. Architecture and Anxiety in Modern Culture*, Cambridge, Mit Press, 2000.

Warf Barney et Arias Santa (dir.), *The Spatial Turn : Interdisciplinary Perspectives*, London, Routledge, 2009.

Westphal Bertrand, *La Géocritique. Réel, fiction, espace*, Paris, Les éditions de Minuit, 2007.

Williams John (dir.), *Imagining Cities. Scripts, Signs, Memory*, London, Routledge, 1997.

Zinato Emanuele, *Automobili di carta. Spazi e oggetti automobilistici nelle immagini letterarie*, Padoue, Padova University Press, 2012.

Travaux Interdisciplinaires et Plurilingues

Titres parus

Vol. 1 Klaus Morgenroth, Paul Vaiss & Joseph Farré (éds)
Les migrations du travail en Europe. 2003
ISBN 3-906769-37-2

Vol. 2 Thierry Grass
Quoi! Vous voulez traduire «Goethe»? Essai sur la traduction des noms propres allemand – français. 2002
ISBN 3-906770-26-5

Vol. 3 Otmar Seul, Bernd Zielinski & Uta Dupuy (éds)
De la communication interculturelle dans les relations franco-allemandes: Institutions – Enseignement et formation professionnelle – Entreprises. 2003
ISBN 3-03910-084-X

Vol. 4 Maurice Kauffer. *Les mots composés allemands en texte. Essai de synthèse méthodologique et critique*. 2005
ISBN 3-03910-449-7

Vol. 5 Stéphane Leymarie, Gérard Sautré & Guy Solle (éds)
Relations de travail et organisations: plaidoyer(s) pour une lecture paradoxale. 2005, 2006
ISBN 3-03911-145-0

Vol. 6 Gérard Mercelot
Négociations commerciales et objectifs spécifiques: De la description à l'enseignement des interactions orales professionnelles. 2006
ISBN 3-03910-965-0

Vol. 7 Nassima Bougherara
Les rapports franco-allemands à l'épreuve de la question algérienne (1955-1963). 2006
ISBN 3-03911-164-7

Vol. 8 María Pérez Calzada
Transitivity in Translating. The Interdependence of Texture and Context. Preface by Ian Mason. 2007
ISBN 978-3-03911-190-6 / US-ISBN 978-0-8204-8398-2

Vol. 9 Paul Vaiss & Klaus Morgenroth (éds)
Les relations internationales au temps de la guerre froide. 2006
ISBN 3-03911-201-5

Vol. 10 Elisabeth Lavault-Olléon (éd.)
Traduction spécialisée : pratiques, théories, formations. 2007
ISBN 978-3-03911-218-0

Vol. 11 Peter Jansen & Otmar Seul (Hrsg./éds)
Das erweiterte Europa: Arbeitnehmerbeteiligung an der Entscheidungsfindung im Unternehmen.
L'Europe élargie: la participation des salariés aux décisions dans l'entreprise.
Traditionen im Westen, Innovationen im Osten? Traditions à l'Ouest, innovations à l'Est? 2009
ISBN 978-3-03911-669-0

Vol. 12 Annette Sousa Costa (éd.)
Entre droit et morale: la finalité de la peine.
Journée d'études du 13 novembre 2007, Université Paris Ouest Nanterre la Défense. 2010
ISBN 978-3-0343-0402-3

Vol. 13 Brigitte Krulic (éd.)
Raison(s) d'Etat(s) en Europe. Traditions, usages, recompositions. 2010
ISBN 978-3-0343-0419-1

Vol. 14 Valérie De Daran
«Traduit de l'allemand (Autriche)». Etude d'un transfert littéraire. 2010
ISBN 978-3-0343-0482-5

Vol. 15 Bernd Zielinski & Brigitte Krulic (éds)
Vingt ans d'Unification allemande. Histoire, mémoire et usages politiques du passé. 2010
ISBN 978-3-043-0555-6

Vol. 16 Jean-Jacques Briu (éd.)
Terminologie (I): analyser des termes et des concepts. 2011
ISBN 978-3-0343-0583-9

Vol. 17 Jean-Jacques Briu (éd.)
Terminologie (II): comparaisons, transferts, (in)traductions. 2012
ISBN 978-3-0343-1055-0

Vol. 18 Brigitte Krulic (éd.)
L'ennemi en regard(s). Images, usages et interprétations dans l'histoire et la littérature (France, Allemagne, Russie, XVIIIe- XXe siècles). 2012
ISBN 978-3-0343-1144-1

Vol. 19 Anna Louyest et Graham Roberts (éds)
Etre russe, écrire à l'étranger. 2013
ISBN 978-3-0343-1113-7

Vol. 20 Stephanie Rohlfing-Dijoux et Kerstin Peglow (éds)
La subsidiarité. Regards croisés franco-allemands sur un principe pluridisciplinaire. 2013
ISBN 978-3-0343-1135-9

Vol. 21 Pascale Cohen-Avenel (éd.)
Jazz, pouvoir et subversion de 1919 à nos jours / Jazz, Macht und Subversion von 1919 bis heute. 2014
ISBN 978-3-0343-1414-5

Vol. 22 Bernd Zielinski, Jean-Robert Raviot (éds.)
Les élites en question. Trajectoires, réseaux et enjeux de gouvernance : France, UE, Russie. 2014
ISBN 978-3-0343-1413-8

Vol. 23 Valérie de Daran & Marion George (éds)
Eclats d'Autriche. Vingt études sur l'image de la culture autrichienne aux XXe et XXIe siècles. 2014
ISBN 978-3-0343-1477-0

Vol. 24 Brigitte Krulic (dir.)
Savoirs et métiers de l'Etat au XIXe siècle. France et Etats germaniques. 2014
ISBN 978-3-0343-1504-3

Vol. 25 Dorothée Cailleux, Serguei Sakhno et Jean-Robert Raviot (dir.)
Situations de plurilinguisme et politiques du multilinguisme en Europe. 2016
ISBN 978-2-87574-353-4

Vol. 26 François Morvan
Aux sources de l'esprit français : la liberté de traduire. 2017
ISBN 978-2-8076-0544-2

Vol. 27 Florence Xiangyun Zhang et Keling Wei (dir.)
Recherche et traduction
Une vision engagée de la traduction. 2018
ISBN 978-3-0343-1504-3

Vol. 28 Sophie Guermès et Brigitte Krulic (dir.)
Edgar Quinet, une conscience européenne. 2018
ISBN 978-2-8076-0632-6

Vol. 29 Christine Bouneau & Laurent Coste (dir.)
Les conseillers du pouvoir en Europe du XVIe siècle à nos jours. Acteurs, cercles et pratiques. 2018
ISBN 978-2-8076-0833-7

Vol. 30 Adrien Frenay, Giulio Iacoli et Lucia Quaquarelli (dir.)
Traverser. Mobilité spatiale, espace, déplacements
ISBN 978-2-8076-0679-1

www.peterlang.com